Gelo e Fogo

Descongelando o Coração De Um Assassino

Baldur Einarsson

Copyright © Baldur Einarsson 2024

All Rights Reserved

Nenhuma parte desta publicação pode ser reproduzida, distribuída ou transmitida de qualquer forma ou por qualquer meio, incluindo fotocópia, gravação ou outros métodos eletrônicos ou mecânicos, sem a permissão prévia por escrito do autor, exceto no caso de breves citações incorporadas em resenhas criticas e alguns outros usos não comerciais permitidos pela lei de direitos autorais. Para solicitações de permissão, entre em contato com o autor.

Contents

Endossos i
Dedicatória viii
Reconhecimentos x
Prefácio xii
Sobre o autor xvi
Epílogo xvii
Parte Um 1 O ASSALTO 1
2 FIGURAS PATERNAS 12
3 O ZELADOR 23
4 VIDAS SECRETAS 30
5 O REI! 36
6 MEU PRIMO AARON 43
7 A MORTE DO AMOR 50
8 ENSINO MÉDIO 58
9 ENCARANDO CAIXÕES 62
10 O MOMENTO DA LÂMPADA 71
11 PASSANDO A LINHA 83
Parte Dois 12 O COLETOR DE DÍVIDAS 90
13 DUELANDO COM A POLÍCIA 100
14 OS BURACOS APARECEM 106
15 A VINGANÇA É MINHA 117
16 O MONSTRO DE OLHOS VERDES 122
17 VOCÊ FOI AVISADO 126
18 DIA DO JULGAMENTO 136
19 DENTRO 143
20 DIA DA FORMATURA 149
21 CASA DE RECUPERAÇÃO 154
22 NOS MEUS JOELHOS 164
23 SIMPLESMENTE O MELHOR 173
Parte Três 24 DERRUBANDO AS PAREDES 181
25 SOCAR OU ORAR 185
26 NÃO TENHA MEDO 190
27 A RESTAURAÇÃO 197
28 UM ABRAÇO DO PAI 202
29 OURO 210
30 PERDOAR 216
31 NASCE UM FILHO 220
32 HEY, IRMÃ MAIS NOVA 224
33 ABENÇOE ESTA CASA! 232
34 EU ESCOLHO *ELE*! 238
35 NOSSO PEQUENO MILAGRE 245
36 O LEGADO DE SOPHIE 250
37 AMOR DESTEMIDO 260
38 NÃO DESISTA! 265

Endossos

A história de Baldur Einarsson não é para os fracos de coração. Seu coração ficará partido em dois ao ler sobre a injustiça que ele suportou, a injustiça que testemunhou e a injustiça que cometeu. O poder do amor de Deus o levará às lágrimas enquanto Baldur conta como Abba Pai derreteu seu coração e trouxe cura e redenção para sua vida. Testemunhos como o dele declaram o poder inegável da cruz de Cristo para transformar vidas. Obrigado, Baldur, por compartilhar com tanta vulnerabilidade e transparência. Você está derrotando o inimigo através do sangue do Cordeiro e da palavra ousada do seu testemunho. (Apocalipse 12:11)

John Arnot

Fundador, Catch the Fire

Biografias são inspiradoras. Eles nos dão uma visão dos bastidores da vida do autor. O que eles fizeram de certo, o que fizeram de errado, como responderam à tragédia, etc. Este livro é cru porque a história de Baldur é crua. O abuso que sofreu e as circunstâncias que afetaram Baldur tiveram consequências muito trágicas. Mas, e este é um grande "mas", Baldur teve um encontro que mudou enormemente a trajetória de sua vida do crime, prostituição e das drogas para uma das mudanças de estilo de vida mais dramáticas que alguém poderia esperar. Este livro fala sobre esse encontro e quem foi a pessoa que mudou a vida de Baldur.

Steve Long

Autor de The Faith Zone, On the Run, My Healing Belongs to Me

Embaixador, Catch The Fire Toronto

Gelo e Fogo não é um livro para os fracos de coração. É um relato cru e honesto de um homem que sofreu dores e traumas inimagináveis, mas também experimentou o poder curativo da graça e do amor de Deus. Este livro irá desafiá-lo, inspirá-lo e levá-lo às lágrimas. É um testemunho de como Jesus pode transformar até as vidas mais destruídas em belas histórias de redenção. Se você está procurando um livro que mexa sua alma e desperte sua fé, Fogo e Gelo é o livro certo para você.

Alyn Jones, co-pastor Goodly, Nashville, TN

Baldur Einarsson é nada menos que um milagre. Com uma infância extremamente traumática, que o levou a um lugar inevitavelmente sombrio, é incrível que ele tenha sobrevivido, quanto mais prosperado. Baldur é vitorioso.

Ele vive uma vida vibrante e alegre, tem uma linda esposa e família, ama seu trabalho e tem um ministério frutífero. A experiência de Baldur oferece uma luz ao fim do túnel para aqueles que estão à beira do inferno, porque ele mesmo sabe exatamente como é estar lá.

Gelo e Fogo - Descongelamento do coração de um assassino é sua história fascinante e comovente. Esteja preparado para rir, chorar, ficar acordado até tarde lendo e, acima de tudo, ficar surpreso ao ver como o poder do amor de Jesus pode revolucionar um homem e torná-lo uma voz de esperança para tantos.

Patrícia Bootsma

Diretora Catch the Fire USA Co-National Outreach, Co-Pastora Catch the Fire Kansas City, Autora de Raising Burning Hearts e The Desire of Jesus

Estou convencido de que meu amigo, Pastor Baldur Einarsson, possui habilidades de escrita incomparáveis na Islândia. Mergulhar em seu livro foi um verdadeiro deleite e incentivo sinceramente a todos que explorem suas páginas. Tem o potencial de ser uma experiência de mudança de vida, promovendo uma fé mais forte em Jesus Cristo. O relato comovente de Baldur sobre sua infância desafiadora e sua criação em um ambiente difícil tem o poder de remodelar a perspectiva de alguém. Em vez de sucumbir à adversidade, ele emergiu como um homem resiliente e devoto. Tenho imenso orgulho em chamar o Pastor Baldur de meu amigo. Obrigado, Pastor Baldur, por compartilhar sua história através deste livro impactante.

Adnan Maqsood

Fundador, diretor e CEO da Vision TV

Empregar mais de 1.000 funcionários e atender milhares de clientes por dia traz novas situações e histórias todos os dias.

Não importa cada indivíduo ou a situação única, quase sempre envolve componentes emocionais, como vergonha, raiva, mágoa, rejeição, etc. Navegar pelas questões do coração é primeiro pessoal, antes de poder ser feito de forma eficaz com os outros.

A jornada de Baldur em seu próprio coração e experiências leva a encontros da verdade de Deus em amor, tocando cada lugar de forma tão profunda e poderosa. Embora eu incentive todos a lerem este livro por si mesmos, ele também aumentará suas capacidades como líderes de outras pessoas, não importa a esfera de influência que você possa ter.

David Anderson

(Franqueado do McDonald's, proprietário da Pure Mosaic Records e proprietário minoritário do clube de futebol NCFC)

Tive a sorte de revisar e trabalhar em algumas histórias bastante poderosas, incluindo a Rainha de Katwe. Mas esta, bem, esta é diferente. Ela puxa, empurra, aperta, arranha, rasga e corta, mas no final, assim como um treino robusto de cross-fit, você se sente melhor depois de suportar o exercício.

Baldur e sua história são cruas e transparentes. Você o amará, o desprezará, o invejará e terá pena dele, mas ele e sua história irão inevitavelmente e inerentemente desafiá-lo a se tornar a melhor versão de quem você realmente deveria ser".

Troy A. Buder

TABu Filmz - Fundador/Presidente

Produtor - Rainha de Katwe (Disney)

Estou absolutamente emocionado em endossar o incrível livro de meu amigo Baldur Einarsson, Gelo e Fogo. Desde o início, fiquei completamente envolvido e cativado pelo enredo envolvente da história, pela emoção crua e pelos personagens complexos que ganham vida em suas páginas.

A escrita de Baldur é tão vívida, magistral e descritiva que senti como se estivesse vivendo o momento e vivenciando cada reviravolta com ele - o que foi realmente comovente.

Baldur convida você a explorar as profundezas do coração humano e, mais do que tudo, o poder mágico duradouro do espírito humano. Para mim, este não foi apenas um livro; foi uma experiência que permaneceu comigo muito depois de virar a página final.

Parabéns pelo livro fantástico, Baldur!

Sinceramente,

Surprise S. Sithole

O autor de Voz na Noite

Achei a história de Baldur bastante cativante. O relato dele leva você a uma jornada e tanto - desde uma vida que começou nas profundezas de uma escuridão dilacerante, até a liberdade que só advém do encontro pessoal com a realidade do Deus vivo e a transformação que vem com o "nascer do Espírito"... Acredito que o leitor se sentirá inspirado a abraçar tudo o que Deus providenciou para nós.

William J. Fowler

Proprietário múltiplo aposentado

Atual consultor de executivos de negócios e mentorados

Uma história incrível de superação e total entrega à Deus. De forma impactante Baldur compartilha de forma aberta e transparente os momentos mais obscuros de sua vida e como Deus em sua infinita misericórdia não somente resgata quem antes não compartilhava vida, mas o transforma em gerador de vida. A cada capítulo você vai ter a certeza de que não importa como ou onde você esta, mas Deus está olhando para você e te chamando para mais perto. Você vai se emocionar e ser impactado por essa incrível história de vida.

Anderson Lima

Fundador Catch the Fire Novo Hamburgo

Desde as frases iniciais do primeiro capítulo de Baldur você é imediatamente capturado e imerso em sua história como se ela estivesse acontecendo em tempo real. Suas palavras, honestas e articuladas, não deixam nenhum detalhe a perder. Em seu livro, Gelo e Fogo, você vê a alma de Baldur aberta e nua e quando parece que a noite não pode ficar mais escura... a mão incrível, misericordiosa e graciosamente gentil de Deus vem e puxa todos nós para um abraço de luz. Baldur compartilha sinceramente a coragem e a fé necessárias para nos humilharmos continuamente diante de Deus e nos rendermos a Ele. Este livro mostra as profundezas do desespero, do mal e do sofrimento do mundo e, ainda assim, o amor profundamente perdoador e purificador de Deus, que pode não apenas dar sentido a tudo isso, mas também redimir tudo. Quando o homem pode parecer completamente perdido para o mundo, o verdadeiro autor e finalizador da nossa história diz: "Ainda assim, eu sou Deus".

Rev. Dr. Susanne Baldeosingh

Dedicatória

Para minha esposa – o pilar do meu coração. Obrigado.

Aos nossos filhos, cujo riso contagiante enche o nosso lar de alegria.

À minha extensa família e amigos queridos, próximos e distantes, cujo apoio e amor inabaláveis têm sido minha fortaleza durante minha jornada em direção à cura.

Para as almas compassivas da nossa comunidade internacional, a vossa solidariedade tem sido uma fonte de imensa força e inspiração.

A Troy, cujo incentivo contribuiu significativamente para minha perseverança. Seu apoio tem sido uma parte inestimável desta experiência, ajudando-me a enfrentar os desafios com uma mão muito mais firme. Obrigado.

Também estendo minha mais profunda gratidão a todos os envolvidos na criação e conclusão deste livro. Desde os primeiros rascunhos até os retoques finais, sua experiência, insights e dedicação foram inestimáveis. Aos editores, designers e todas as mãos invisíveis que moldaram este trabalho, seu talento e comprometimento transformaram um sonho em realidade.

Ao elaborar a minha história, todos os nomes, exceto o meu e o da minha querida esposa, foram alterados com respeito. Este é o meu testemunho do poder da fé, da força da comunidade e dos laços inquebráveis de amor que abrangem o tempo e os continentes. Que isso ilumine o seu caminho assim como o meu foi iluminado. Para todos os que estão numa encruzilhada, acreditando que todas as portas se fecharam: por favor, lembrem-se - nenhum caminho é verdadeiramente intransitável e o caminho para casa está sempre ao nosso alcance.

Com gratidão genuína, profundo apreço e um espírito esperançoso, esta dedicatória da início ao livro.

Reconhecimentos

Em primeiro lugar, estendo a minha mais profunda gratidão à minha esposa, cujo apoio inabalável foi a minha âncora enquanto navegava no turbulento processo de escrita desta história. Seu amor e assistência foram cruciais na formação da narrativa, e sua paciência em meus momentos de dúvida foi um pilar de esperança.

Sou profundamente grato aos meus filhos, cuja fé em mim foi ao mesmo tempo humilhante e inspiradora. Sua crença em minha visão e seu espírito inspirador enriqueceram imensamente esta jornada.

Um agradecimento especial vai para Troy Buder, cujo encorajamento entusiástico e atenção meticulosa aos detalhes nos levaram a refinar o manuscrito incansavelmente, buscando a quase perfeição.

À minha mãe e aos meus irmãos, obrigado pelo seu apoio inabalável e solidariedade enquanto naveguei nesta aventura profundamente pessoal. O seu apoio durante um período tão vulnerável de auto-expressão foi indispensável para a minha perseverança e confiança.

Emma, seus retoques finais transformaram o manuscrito. O texto passou por muitos testes e suas incríveis contribuições fizeram toda a diferença para trazê-lo à sua forma final. Obrigado pelo seu olhar crítico e toque perfeccionista.

Para todos aqueles que fizeram parte desta jornada – amigos, colegas e mentores – vocês sabem quem são. Sua sabedoria e incentivo coletivos foram inestimáveis. Sou eternamente grato por cada conversa, cada palavra de incentivo e cada momento de apoio.

Prefácio

Estávamos num carrinho aberto sob o céu da República Dominicana, com líderes de todo o mundo, quando conheci Baldur. A única coisa que eu sabia sobre ele era que ele era da Islândia, tinha cabelos loiros como os vikings e seus olhos tinham um tom de azul marinho claro que sugeria que ele tinha vivido uma vida fácil e pacífica. O tipo de família saudável e estável, que encantava todas as meninas do ensino médio e era o craque do futebol. Eu não poderia estar mais errado.

Este homem sofreu tantas feridas. Feridas pisoteadas sob decepções e ainda mais mágoas. Baldur foi um exemplo vivo dos efeitos de uma educação abusiva sobre uma criança. Desde sofrer a crueldade das idas e vindas de padrastos até cuidar de uma mãe alcoólatra e enfrentar a traição de quase todos que deveriam tê-lo amado e cuidado dele. Para o jovem Baldur, a vida era um grito longo e silencioso num mar escuro de drogas, violência, prisão, depressão e ódio.

Certa vez, vi uma cobra deitada em uma estrada, contorcendo-se de dor depois que um carro a atropelou. O coração de Baldur era aquela cobra. Começando com um menino de 7 anos enrolado em posição fetal no chão frio da cozinha. Ainda me pergunto como tanta dor e horror podem ser acumulados em um garotinho. Como pode uma pequena pessoa se contorcer e se contorcer de tanta dor e ainda assim continuar? Ainda assim, respirar?

Vivendo fugindo da polícia, de seus colegas e de outros criminosos assustadores, Baldur foi ferozmente perseguido pela indescritível culpa e raiva que o consumia como um rato voraz e doente. Mas ele continuou. Ele continuou lutando. Socando... e levando socos. Agora, como homem, ele escreve com socos curtos na cabeça e muitas vezes direto no coração.

Certa vez li que todos nascemos no fogo, cheios de desejos selvagens, e o que fazemos com esse fogo é a nossa espiritualidade. O que este incêndio fez em Baldur é uma odisseia espiritual. Já li muitos livros de criminosos para Deus e agradeço a Deus por cada um, mas essa história é diferente. Ler este livro foi como sentar-se com Baldur na cozinha, com os cotovelos apoiados na mesa e o sangue ainda nas mãos. Você pode se sentir inseguro às vezes, pode sentir desgosto e confusão, mas vai querer ouvir esse homem a noite toda, porque sentirá o quanto do que há nele está em você. Suas feridas, seus medos. Também não estamos a salvo do Deus de Baldur, que aparece no meio de sua história. Este Deus invade o mundo de Baldur de maneiras maravilhosas, loucas, dolorosas e às vezes muito engraçadas. Depois de um milagre e de uma cura, há um soco no estômago e uma perda, e a faísca de fogo em seu coração parece cair novamente no gelo, mas de alguma forma, Baldur sempre se levanta novamente. Não apenas como uma faísca, mas como uma fogueira. Em minha mente, posso ver um manicômio no inferno, cheio de demônios que fizeram o possível para desencorajar

Baldur. "Nós simplesmente não conseguimos pegar aquele cara!" eles gemem, repetidamente, em camisas de força.

Certa tarde, no banheiro de um hospital, onde sua namorada estava sangrando, Baldur bufou um crack, depois se olhou no espelho - "Olha você, enfiando isso no nariz em um banheiro público enquanto sua namorada está deitada lá depois de perder seu bebê."

Então, ele levou outro golpe de qualquer maneira. A Bíblia também é chamada de espelho porque está repleta de histórias de pessoas que tiveram a mesma coragem de realmente olhar para si mesmas.

Este não é um livro cristão típico onde tudo é ruim antes de Cristo e tudo é bom depois. O fogo furioso de Deus teve que arder profundamente no coração deste homem.

Como é que um homem vem a Cristo, frequenta a igreja, devora a Bíblia e ainda dirige um bordel? O "normal" de Baldur estava fora de cogitação, mas o fogo de Deus muitas vezes queima através do gelo mais frio, e aquele bordel foi transformado em uma igreja, com Baldur como pastor.

Baldur e a sua esposa Barbara lideraram o "Stay Alive", um programa concebido para libertar a Islândia da crueldade do vício e das suas consequências. Sua paixão e fogo estão conquistando o gelo negro, e assim como no dia em que um jovem Baldur ouviu

Deus sussurrar para ele: "Levante-se, Baldur. Eu te amo", hoje pode ser um grande dia para você. Ficar de pé. Ele te ama.

Hoje, como coproprietários do Centro de Trauma e Família Lausnin, Baldur e sua esposa restauram muitas famílias, casais e indivíduos. Mas como isso vai acabar?

Talvez, como escreveu Robert Frost, "em chamas". O fogo do amor selvagem.

Pastor Andrew McMillan
Medellín, Colômbia

Sobre o autor

A história de Baldur é de resiliência e profunda transformação, refletindo a força do espírito humano. Ele emergiu de uma infância conturbada, marcada por abusos, que evoluiu para a violência e acabou levando ao encarceramento por crimes graves. Apesar disso, Baldur encontrou um ponto de inflexão, abraçando um novo caminho de espiritualidade e educação. Agora, ele lidera um dos principais Centros de Família e Trauma da Islândia, guiando outros para fora das trevas e oferecendo esperança e inspiração àqueles que buscam redenção.

O livro de Baldur, ICE and Fire, é um projeto apaixonante através do qual ele derramou seu coração criativo. Ele espera ansiosamente ouvir as opiniões dos seus leitores, sabendo que a sua história tem o potencial de ressoar profundamente entre aqueles que enfrentaram lutas semelhantes. Através da sua escrita, Baldur pretende acender uma centelha de esperança e coragem nos outros, encorajando-os a abraçar as suas próprias jornadas de cura e transformação.

Entre em contato com Baldur:

Epílogo

Nos momentos tranquilos de reflexão que encerram este livro, estendo minha gratidão a você, caro leitor. Sua jornada por estas páginas é uma dádiva não apenas de seu tempo, mas também de seu espírito.

Devo agradecer a Deus, bússola da minha alma, que me dá coragem para me olhar com honestidade e coragem para lidar com os desafios da vida. Foi nos momentos mais difíceis e angustiantes da vida que senti mais profundamente o amor e a misericórdia mais profundos de Deus, guiando-me em direção à esperança e à renovação.

Estou aqui como um testemunho da possibilidade de renascimento. Prova de que podemos mudar e crescer, especialmente quando temos pessoas que nos apoiam e nos amam. A vida nunca é um empreendimento solitário. Somos todos notas numa grande composição tecida pela mão de Deus. Uma sociedade que se harmoniza em apoio aos que tropeçaram e que estende a mão que os eleva de volta à melodia do todo.

Vamos almejar um mundo onde aprendamos com as nossas lutas, nos tornemos mais sábios através das nossas tribulações colectivas e afastemos os perdidos das sombras para a luz.

Enquanto o sopro da vida fluir através de nós, as chamas da esperança dançam inextinguíveis!

Então, com o coração cheio de gratidão, esperança e fé, digo: Obrigado, e que o amor ilimitado de Deus o guie em sua jornada pela frente.

Parte Um

1

O ASSALTO

Eu tinha sete anos quando isso aconteceu. Sete anos de idade, e em casa com a minha mãe e dois irmãos mais novos. De repente, um punho feroz bateu fortemente na porta da frente, e esse medo muito familiar, encheu nosso pequeno apartamento. A mãe estava de pé, de olhos largos e congelada de terror, segurando Sophie (3 anos) e David (2 anos), suas malas desembaladas ainda a seus pés.

Os punhos furiosos bateram violentamente na porta novamente. Então ouvimos a voz de que eles pertenciam.

Violento. Insistente. Enraivecido.

Não precisávamos de ninguém para nos dizer quem era.

Mais batimentos maníacos, selvagens e gritos, então...

BOOM! A porta da frente voou aberta, batendo surdo contra a parede.

Ele estava ali, sem fôlego e olhando... O ódio em seus olhos selvagens e frenéticos.

Rikki. O namorado da minha mãe. Meu padrasto.

Olhei ansiosamente para a minha mãe, o terror correndo pelo meu pequeno corpo como uma corrente gelada. O rosto da minha mãe congelado e pálido, implorando sobre os gritos desesperados das crianças, que agora estavam agarrados em suas pernas prezando pelas suas vidas. Os olhos de Rikki se fixaram em mim primeiro, como muitas vezes fizeram, ardendo de animosidade. Então, sem nem um piscar de olhos, ele pegou a Sophie e o David (os filhos que ele tinha tido), aterrorizados e soluçando, e os levou para o quarto deles. Nós ficamos em silêncio espantado enquanto ele os esconde cuidadosamente em suas camas e coloca uma melodia calmante em um tocador de cassete, antes de silenciosamente fechar a porta e virar a chave na fechadura.

Eu o vi com suspense sem fôlego, sentindo-me doente, sabendo que absolutamente nada de bom poderia vir dele neste estado.

Minha mãe se aproximou de mim. Eu queria desesperadamente ser uma rocha enorme que ela pudesse esconder atrás, mas eu era apenas um menino pequeno, pego no fogo cruzado.

"Agora... com quem você foi para Amsterdam, sua vaca?" Ele falou ameaçadoramente, pulando em nós dois e agarrando agressivamente no ombro da minha mãe. Eu olhei horrorizado, o rosto dele em frente ao dela, descarregando uma barragem de insultos ofensivos e profanidades repugnantes, quando minha mãe deixou sair um choro doloroso.

Uma raiva primordial e impetuosa surgiu de repente dentro de mim.

Chega!

Cheio de uma onda inesperada de coragem, corri na direção de Rikki e saltei nas costas dele, desesperado para libertar a minha mãe das suas mãos furiosas. Eu segurei com toda a força que pude, mas ele apenas me sacudiu como uma pluma e me jogou, caindo no chão. Inútil.

Quando olhei para cima, o meu padrasto estava batendo na minha mãe, com força.

O sangue dela se espalhou em seu rosto por causa dos golpes. Seus punhos brutais e sangrentos caíram implacavelmente sobre ela, enquanto ela gritava:

"Rikki! Querido! Por favor... por favor não faça isso!"

Ela implorou. Ele continuou.

Seus golpes implacáveis e frenéticos continuaram até que a mãe conseguiu evitar um golpe, terminando com seu punho batendo direto através de uma janela, ao som de vidro quebrando. Um pedaço de sangue se formou, a cair nos pés de Rikki enquanto ele gritava, com seus dentes cerrados:

"Olha o que você fez, sua vaca estúpida!"

Batida e ensanguentada, a mãe lutava para ficar de pé, mas desesperadamente correu em direção à gaveta de panos de prato para entregar um à ele:

"Rikki, querido, tens razão...ok... mas por favor coloque isto em torno de sua mão para parar o sangramento."

Eu o olhei lentamente envolvendo o pano ao redor de seu pulso, e rezava para que tudo tivesse acabado. O silêncio era ensurdecedor enquanto ele tomava uma respiração profunda e olhava para a mãe novamente, com total desprezo em seus olhos. Depois vieram as acusações e os insultos de novo, enquanto ele encarava ameaçadoramente, com a cara vermelha em direção a ela.

Então... BOOM!

Sangue jorrou do nariz da minha mãe quando ela caiu no chão, imóvel, rolando do impacto.

BOOM! BOOM!

Ele não tinha terminado.

Rikki olhou para ela, triunfante e sorrindo, enquanto eu estava sentado no canto, rígido e tremendo de terror. A minha mãe estava morta?

Então, do canto do meu olho, vi algo brilhando. Era a grande faca da gaveta da cozinha... na mão de Rikki. Ele virou-se para mim e gritou, "Olha, rapaz!" enquanto se ajoelhou, respirando pesadamente sobre o corpo inconsciente de minha mãe, acariciando o cabelo dela. Ele abriu o topo da blusa dela e gritou outra vez: "Olha para mim, pequeno bastardo! Olha para mim!"

Eu olhei.

Ele pressionou a ponta da faca para a garganta da minha mãe e com uma selvagem risada sadista, assombrada.

"Devo cortar a cabeça da tua mãe?"

Eu estava sem palavras. Paralisado. Impotente.

"Brenda!"

Uma voz angustiada e insistente de repente atravessou o ar espesso.

"Brenda!! O que está acontecendo aí dentro?

Eu assisti, tremendo e entorpecido, enquanto dois policiais grandes de repente entraram com toda força em nosso apartamento, em direção a Rikki. A faca caiu no chão... quando olhei para cima de novo, ele havia sido algemado e levado para o carro da polícia esperando lá fora.

O meu terror transformou-se em alívio, enquanto corria para segurar a minha mãe. Mas não acabou. Esta não foi a primeira vez, eu sabia que não seria a última... Assim como na última vez, os policiais encorajaram a minha mãe a se refugiar no abrigo das mulheres. Nossa pequena família quebrada de Keflavik, na Islândia, estava se mudando novamente. Fisicamente afastado do nosso agressor, mas ainda absolutamente encadeado a ele, emocionalmente.

Pouco tempo depois, minha mãe quebrada e desesperada foi enviada para a reabilitação, e eu fui deixado sozinho, confuso e aterrorizado pela ideia de ela nunca voltar para casa. Fui enviado para o leste da Islândia, para os meus avós (os pais de Rikki). Eles eram pessoas gentis, sempre dispostos a ajudar e cuidar de mim, apesar de seu filho mau e abusivo. Quando meus pesadelos me acordaram, tremendo à noite, minha avó estava lá, segurando-me suavemente enquanto eu estava curvado em uma posição fetal no chão.

"Isso nunca mais te acontecerá, Baldur", ela prometeu.

"Nunca..."

A partir daquele dia, sempre que situações ameaçadoras surgiram, eu sempre busquei consolo atrás de portas fechadas e em espaços fechados, uma faca de cozinha na mão... apenas no caso de meu vil padrasto voltar. Eu ainda estava com medo. Muito assustado. Um rapaz de sete anos traumatizado, que tinha testemunhado coisas demais para a sua curta vida. Olhando para trás, não foi a faca ou seus golpes que me feriram mais; foram suas palavras que cortaram muito mais profundamente do que qualquer faca poderia. Fizeram-me sentir sem valor, desamparado e completamente insignificante. Só podia imaginar o impacto que eles tiveram em minha mãe.

Depois de cada ataque, em seu estilo malicioso habitual, Rikki acrescentava insultos malignos à lesão. Ele ia para a cozinha, olhava para a minha mãe e sorria, claramente revoltado por seus olhos pretos, cortes na pele, e lábios divididos.

"Brenda, vamos! Você está repugnante!" Ele ria. "Pelo amor de Deus, ponha alguma maquiagem ou óculos de sol, mulher!"

Então ele ria. Muito engraçado...

Tão jovem, eu tinha observado essas interações, levando-as como normalidade, mas não realmente entendendo o que estava acontecendo. Com o tempo, eu até comecei a acreditar nas mentiras sujas que Rikki contava e comecei a questionar a inocência da minha própria mãe. Talvez ela tenha feito algo muito errado. Talvez ela merecesse os golpes. Talvez a minha mãe fosse má. Talvez eu também.

Aqui é onde tudo começou. A minha vergonha. Esse sentimento profundo de ser inútil e indigno de amor. Eu era o menino microscópico, quem ninguém queria, com um grande nó no meu estômago, e eu estava petrificado pela imprevisibilidade da única pessoa que devia ser o meu protetor. O meu modelo. Nunca, nunca, me senti seguro com ele.

Um dia, dois anos antes, quando eu tinha 5, Rikki, claramente de bom humor, ofereceu-se para me levar à piscina local. Ele não precisou perguntar duas vezes! Eu saltei para cima e para baixo e praticamente explodi com emoção! Talvez, no final, ele gostasse de mim! Agarrada à esperança de aceitação e talvez até de uma amizade com Rikki, eu tirei minhas roupas na câmara de mudança e corri para tomar um banho com ele, conversando sem parar com entusiasmo. Eu coloquei minha sunga favorita, azul com vermelho favorito e corri para a banheira de água quente, dando um pulo que jogou água para todos os lados. Eu sorri alegremente enquanto a água calmante aquecia meu corpo.

Então, senti que o Rikki estava a olhar para mim.

"Vem aqui, menino", disse ele. "Quero mostrar-te algo."

Eu me levantei da banheira e corri atrás dele feliz, seguindo-o com pequenos passos rápidos para o fundo profundo da piscina.

"Vem aqui!" Ele me acenou. Eu me inclinei em direção a ele, começando a sentir-me um pouco desconfortável. Sua voz parecia de repente fria. Clínica. Olhei para o rosto dele, e lá estava de novo... aquele sorriso.

Antes que eu soubesse, ele se inclinou, me agarrou pela cintura, me levantou alto, e me jogou voando para o fundo profundo da piscina.

O pânico atingiu-me quando choquei a água com um golpe e imediatamente comecei a afundar. Eu lutava desesperadamente para respirar e tremia com medo enquanto a água enchia minha boca e nariz. De alguma forma, depois de um momento, consegui chegar à superfície, só para ouvir o som da voz dura e berrante de Rikki.

"Nade, seu pequeno bastardo!" Ele gritou.

Em pânico, eu remava e me esforcei como louco para evitar afundar de novo. Eu tentei ver o quão longe eu estava da borda da piscina, mas eu não consegui descobrir em que direção nadar. Eu vi Rikki, em pé na borda da piscina, rindo como um louco, enquanto eu me afogava, lutando, pelo tempo que parecia uma vida. Enquanto eu lutava, tossindo, eu descobri que se eu pisar minhas pernas de uma certa maneira, eu poderia me empurrar para a borda da piscina.

"Você nada como um cão!" Rikki gritou para mim. "Você só conhece o nado cachorrinho?"

Seu riso maníaco ecoou em meus ouvidos, quando eu finalmente consegui agarrar a borda. Minhas pernas estavam perdendo força, meu coração estava batendo, meus pulmões estavam queimando... mas, só um pensamento correu pela minha cabeça.

Eu consegui!

"Agora você sabe nadar!" Rikki disse.

Eu consegui.

O "senso de humor" do meu padrasto sempre foi um mistério para mim. Simplificando... ele era um grande valentão. Ele me violentava. Ele violentou a minha mãe. Ele até violentou seus amigos. Rikki costumava trabalhar em barcos de pesca com um homem pequeno e forte chamado Fredrick. Fredrick era gentil e divertido e nós às vezes fazíamos queda de braços um com o outro. Uma vez, quando eu perdi, ele disse, "Você vai crescer grande e forte se você comer seus vegetais... especialmente cebolas!" Corri com entusiasmo para a cozinha, peguei uma cebola gigante da geladeira e mordi-a como se fosse uma maça. Assim que terminei a última mordida ardente, corri de volta para a sala de estar com a língua de fora, e desafiei Fredrick para outra rodada. "Olha! olha! eu ganhei!" A cebola me deu a mesma força super-humana que o espinafre deu a Popeye! Vitória!

Sendo o melhor amigo do meu padrasto, você pensaria que Fredrick seria isento de seu bullying. Mas não foi. Um domingo, minha mãe, Rikki, Fredrick e eu estávamos de pé no pier. A maré estava baixa, os barcos estavam baixos junto ao porto, e o sol da tarde da Primavera estava prestes a pôr-se. Feliz com a passagem do dia e tendo amarrado seu pequeno barco de pesca, Rikki agarrou de repente Fredrick, sem aviso prévio, e jogou-o do porto... direto para o mar gelado e frio. Fredrick caiu na água com um grande splash, alguns metros abaixo, e nós podíamos ouvir seus gritos na água gelada, enquanto ele fazia seu caminho para a escada que leva de volta até o pier.

Rikki estava ali, rindo com toda a força, enquanto o pobre Fredrick subia pela escada gelada, coberta de algas do mar, com as suas roupas molhadas e pesadas. *Ninguém* foi poupado.

Mas agora, aos sete anos de idade, o dia do ataque traumático no apartamento mudou-me. Meus verdadeiros sentimentos estavam agora claros para mim...

Eu odiava o Rikki, e odiava todos os Rikki 's do mundo. De repente, senti uma intensa sensação de propósito - Eu não seria fraco e impotente. Eu seria forte! Eu estaria no controle! Eu esmagaria todos os valentões!

Sendo uma testemunha tão jovem da submissão de uma mulher à crueldade implacável de um homem, no dia em que Rikki bateu na minha mãe, eu fiz um juramento.

"Quando eu crescer - ninguém vai magoar ou humilhar a mim ou a minha mãe nunca mais."

Excerto do relatório dos Serviços de Proteção da Criança numero 24, 11 de Dezembro de 1988

A entrevista toma uma virada mais séria.

É notado que Baldur chama seu padrasto de "pai", afirmando que ele tem medo de chamá-lo de qualquer outra coisa, pois ele pode o machucar novamente como quando era pequeno. Baldur declarou que seu padrasto o machucava frequentemente durante o sono, mas ele nunca disse nada.

Baldur diz que seu padrasto também bate em sua irmã, Sophie. Ele ilustra isso batendo a mesa na frente dele com força. Ele também menciona vários incidentes adicionais das tendências violentas de Rikki. É claro que Baldur não entende seu padrasto, e teme por sua vida. Embora Baldur forneça as informações acima livremente e sem hesitação, ele está extremamente nervoso que esta informação possa aos ouvidos de seu padrasto. Prometi-lhe toda a confidencialidade possível a este respeito.

2
FIGURAS PATERNAS

Nossa família mudou-se muito enquanto a mãe e o Rikki estavam juntos. Treze vezes para ser preciso, descobri mais tarde. Eu era muito jovem para ter uma ideia clara de quanto tempo estávamos em cada lugar, mas foi muito desorientante para mim, e eu não tinha ideia de por que nós tínhamos que continuar se mudando. Olhando para trás agora, percebo que estávamos basicamente em fuga. Pelo menos o Rikki estava. Talvez estivéssemos constantemente desarraigados porque os sons contínuos de violência doméstica levaram vizinhos de todas as treze cidades a apresentar queixas? Eu nunca sei.

Eu sei, no entanto, de acordo com relatos, que depois de um ano de vida nas Ilhas Westman, mudámos-nos de volta para a pequena cidade de Keflavik. Das poucas lembranças claras que tenho desta época, me lembro que finalmente pude ter um animal de estimação. Eu estava na lua! Tínhamos um gato bonito, e chamávamos ele de Bowie. Adorei absolutamente o meu novo companheiro.

Jogando na rua com ele um dia, como sempre fiz, fui abordado pela mulher que vivia ao lado de nós. Ela estava claramente furiosa e gritou com raiva para mim, apontando o dedo para Bowie.

"O teu gato voltou a entrar na minha casa! Se ele mais uma vez pisar lá, vou cortar a cabeça dele! E isso é uma promessa!"

Eu vi ela falar isso, com raiva, conforme lágrimas corriam pelas minhas bochechas. Corri em direção à minha mãe, segurando Bowie, horrorizado, e chorando.

"O que aconteceu, querido?" perguntou a minha mãe.

"O vizinho vai matar o nosso gatinho!" Eu chorei. "Ela disse que vai cortar a cabeça de Bowie se ele entrar em sua casa mais uma vez!"

"Chega!" Ela marchou para a sala de estar, "Basta!" ela gritou, enquanto eu a seguia, ainda chorando.

"Rikki, você precisa ir falar com essa mulher terrível. Honestamente, ameaçar matar um animal de estimação de uma criança leva as coisas muito longe!"

Eu olhei para Rikki nervosamente atrás da mãe. Ele ouviu, sentado em sua cadeira, frio como um pepino, parou, então se levantou e começou a murmurar quase alegremente. Ele colocou suas calças e uma camisa, e eu o segui cuidadosamente atrás dele enquanto ele caminhava pelo corredor, e colocou seus sapatos, ainda gritando. Ele então abriu a porta da frente, mas em vez de subir o caminho para a casa do vizinho, ele correu de repente para a cerca que separava os nossos dois jardins, e embora a cerca pareça muito mais alta do que Rikki, ele pulou tudo de uma só vez.

Eu ainda podia ouvi-lo murmurando.

Eu estava muito nervoso quando ele bateu na porta do vizinho. Ela muitas vezes me insultou e intimidou quando eu estava brincando na rua, então eu não tinha ideia do que ia acontecer a seguir. Assim que ela abriu a porta, o sorriso casual de Rikki se transformou em um grito desonesto e assustador! "Como você se atreve... sua bruxa estúpida! Que ousadia ameaçar matar o nosso gato!"

Claro, Rikki também não parou por aí. Ele fez o que fazia de melhor, e juntou uma pilha de ameaças, juramentos e insultos que choveu como um inferno fresco sobre o vizinho. Olhando toda a conversa do nosso lado da cerca, eu encostei na minha mãe e sussurrei,

"Você consegue ouvir ela?!"

"Não", sussurrou a mãe, sorrindo ligeiramente. "Ela está completamente calada."

Eu assisti Rikki com admiração repentina enquanto ele se virou, limpou a cerca novamente e caminhou em direção a nós, "Ela definitivamente nunca vai se aproximar de seu gato mais", ele sussurrou para mim, conspiratoriamente, como ele apertou a minha bochecha. Ele passou por mim e sentou-se de volta em sua cadeira de televisão, como se nada tivesse acontecido.

Meu coração inchou! Ele fez para mim o que os verdadeiros pais fazem para seus filhos. Ele tinha realmente tomado o meu lado!

No dia seguinte, a vizinha voltou a aproximar-se de mim, mas desta vez ela sorriu, e me entregou uma pequena bolsa. O saco estava cheio de todos os tipos de pacotes em miniatura de marcas excitantes de cereais de café da manhã e doces que eu nunca tinha visto antes. Ela deve ter comprado eles na base militar americana que estava na nossa pequena cidade na época. Eu me senti vitorioso e orgulhoso porque Rikki tinha finalmente agido como meu pai. Ele tinha dado um exemplo e me ensinou como fazer estranhos cumprirem com o meu desejo.

Mas, um *bom* exemplo, e meu pai, ele não era.

Enquanto ele e minha mãe estavam juntos, eu acreditava que Rikki era meu pai. Eu mesmo fui nomeado por ele: Baldur Freyr Rikharðsson. Só que, finalmente, quando se divorciaram, a minha mãe me contou toda a verdade. Meu pai era inteiramente outra pessoa.

O verdadeiro nome do meu pai era Einar, e me disseram que, se quisesse, podia finalmente encontrá-lo. Esta nova informação me pegou despreparado e, claro, levantou uma nova série de perguntas difíceis, existenciais em minha pequena mente: Por que eu não sabia sobre ele? Por que ele não tinha vindo para o meu resgate antes de agora? E, por último, mas não menos importante, por que ele não queria ser meu pai até agora? Só quando eu era muito mais velho, minha mãe finalmente derramou luz sobre estas questões dolorosas. Meu pai tinha, na verdade, tentado manter contato comigo no início, mas havia consequências, como você pode imaginar, se Rikki soubesse. Então... o meu pai parou de ligar.

Depois de refletir, eu podia entender a decisão do meu pai. Mas, será que eu não valia a pena? Eu respondi a mim mesmo e acreditei em minha própria mentira tão profundamente que fiquei totalmente convencido da minha própria inutilidade.

Rikki, no entanto, foi apenas um dos muitos homens que entraram e saíram do meu mundo, conectando-se com a minha mãe e depois fazendo a função do homem da casa para a nossa pequena família quebrada.

Homens como Halli, o próximo namorado da minha mãe e o meu próximo modelo. Depois que Rikki saiu, Halli entrou em nosso mundo e o encheu de diversão, cor e caos! Ele era membro de uma banda de rock islandês chamada "Rimlarokk", composta por ex-prisioneiros que tinham gravado um álbum enquanto todos os seus membros estavam na prisão. Halli era muito, muito legal. Ele me mostrou como pentear o cabelo para trás com gel, me ensinou como amarrar uma bandana em torno da minha cabeça e me apresentou à lenda do rock islandês, Bubbi Morthens. Halli, em seu tempo conosco, também me ensinou tudo o que havia para saber sobre drogas, estimulantes e como fugir do crime. A minha jovem mente que facilmente se impressionava, absorveu com entusiasmo tudo o que ele tinha a dizer. Ele me contou histórias loucas e animadas sobre a vida na prisão, a luta, e como era a vida na prisão. Ele sabia tudo, e eu adorava-o!

Uma tarde, enquanto estávamos conversando, perguntei-lhe, preocupado; "Por que a mãe está sempre deitada meio dormindo no sofá durante o dia?"

"Está tudo bem, menino, sua mãe acabou de colocar uma dose de morfina", ele respondeu. "É bom para ela. Quando ela se sente mal, ela precisa ser capaz de simplesmente se deitar lá e dormir."

Foi bom para ela. Ela estava apenas descansando. Então, eu só passei tempo com o Halli. Ele era divertido estar perto e nunca foi maldoso comigo. Ele me mostrou como fazer apoios e flexionar meus músculos. Eu não tinha medo de nada, desde que Halli estivesse conosco. "Não tenha medo do velho Rikki", ele brincava. "Se ele chegar perto de você, eu vou pulverizar ele e vou enfiar cocaína na bunda dele! Eu vou fazer ele sentir!"

Ele era brilhante, e eu vi o meu futuro quando olhei para Halli. Eu poderia simplesmente imaginar tudo - eu venderia drogas, bateria em qualquer um que entrasse no meu caminho, tocaria guitarra e cantaria em festas. Finalmente tive um amigo e uma figura de pai que eu podia respeitar.

Mas isso não durou. Um dia, sem qualquer aviso ou explicação, Halli simplesmente desapareceu de nossas vidas. Fui deixado para trás com a canção que ele me ensinou, uma bandana, e um desejo profundo de viver o tipo de vida de Halli. A vida legal. Eu queria crescer e ser forte, ser um animal de festa que bebia e fumava. Resolvi ser um cara malvado como ele. Era o meu novo normal ter pessoas aparecendo e desaparecendo da minha vida, mas ele era mais gentil comigo do que Rikki jamais foi.

Tendo sido deixado com este exemplo de como ser um homem real, comecei a encontrar a alegria de ser um pouco maldoso. Eu encontraria cigarros pela metade lá fora na rua, e os acendia para fingir fumar, como um homem. Nunca inalando, mas me sentindo tão adulto e durão, apenas segurando um cigarro entre os dedos. Eu também decidi tentar beber. Querendo ver sobre como isso funcionava, eu me escondia na cozinha, pegava uma cadeira e me aproximava das garrafas de vodka da minha mãe, dentro do armário da cozinha. Eu rapidamente bebia direto da garrafa e quase cuspia tudo no chão, pois queimava a minha boca. Era revoltante! Ugh! Porque é que a mãe sempre bebia essas coisas horríveis? Mas eu queria crescer, e crescer rápido, então eu sempre tomei outro gole antes de silenciosamente recolocar a garrafa no lugar e descer do armário, como se isso nunca tivesse acontecido.

Durante este período, você poderia dizer qeu comecei a dar um pouco mais de trabalho. Um dia, quando estava sozinho em casa, peguei uma faca grande da cozinha, tirei as minhas roupas (fiquei apenas com a minha cueca), coloquei a faca na cinta elástica e comecei a balançar na beliche do nosso quarto. Eu era Tarzan, musculoso, balançando entre as árvores da selva. Eu era um herói corajoso, derrotando todo o mal em nosso apartamento de um quarto. Eu batia no meu peito, deixando sair o grito de Tarzan: "Ooooooooo-ooohhh-ooooooh!" agarrava a estrutura do beliche e balançava para trás e para frente dramaticamente, antes de cair rapidamente na cama da minha mãe... E a enorme faca de cozinha se encontrou no fundo da minha coxa! Com o sangue saltando da perna, peguei a faca e a puxei para trás e para a frente, mas não ia a lugar nenhum. Eu não queria ir para o hospital - Eu iria entrar em problemas e eles provavelmente me dariam uma injeção! O kit de primeiros socorros da mãe! A pequena caixa verde que sempre resolveu tudo. Eu senti uma pressão estranha, como se algo estivesse tentando sair da minha perna, então tentando não chorar, eu peguei um pedaço de gaze, coloquei diretamente sobre a ferida, em seguida, envolvi uma bandagem firmemente ao redor da minha coxa. Nervoso, eu apressadamente coloquei as calças de volta e limpei todos os vestígios do acidente louco, para que minha mãe não notasse nada quando ela chegou em casa.

Eu estava completamente ignorante de quão sortudo eu tinha sido naquele dia, e embora eu viesse a aprender que o destino tinha muito mais em mãos para mim, muitas vezes sentia como se alguém estivesse observando-me.

Relatório médico da Clínica da Península do Sul, 27 de setembro de 1988:

Acidente às 08:30. O rapaz diz que a faca foi jogada na parte de trás da coxa direita ontem de manhã. A mãe não soube da laceração até esta manhã. Exame: laceramento até o músculo subcutâneo perto do osso da parte média da parte traseira direita da coxa, com ligeira lacuna. Ferida limpa, desinfetada e fechada. A mãe irá monitorar os sinais de infecção e remover a bandagem após 12 dias se tudo estiver bem.

A faca tinha passado do lado da minha artéria femoral!

Mas logo, felizmente, outro modelo masculino mais positivo entrou no meu mundo, em 1987, quando eu tinha 8 anos de idade, minha tia Amelia, uma das muitas irmãs de minha mãe, me apresentou ao 'O homem com o *poder*'. A minha tia favorita e eu tivemos uma amizade muito próxima e especial. "Uma parte de ti pertence a mim", brincava ela. "Particularmente o teu dedo grande." Quando eu era criança, eu levava isso ao literal, é claro.

"O homem com o poder" se revelou ser um filipino chamado Ed Fernandez, que tinha sido convidado para a Islândia pela igreja pentecostal em Keflavik. Ed era um homem curto e gentil, com uma presença muito calorosa e confortadora, algo a que eu não estava acostumado. Eu com entusiasmo comecei as aulas de karate na igreja com Ed, e eu sempre me senti feliz e seguro ao seu redor. Mesmo que não falássemos a mesma língua, senti uma forte conexão com ele que me parecia quase sobrenatural ou mágica.

Veja, por um longo tempo, eu tinha sofrido de terríveis debilitantes dores de estômago crônicas que ninguém poderia explicar ou diagnosticar. Mas, por alguma razão, na presença de Ed, a dor simplesmente desapareceu, e, em seu lugar, senti uma profunda sensação de bem-estar. Ele fez a vida ser emocionante e positiva, e eu sempre estava ansioso para as histórias que ele nos contaria sobre um homem chamado Jesus. Jesus tinha vivido, e quando Ele morreu, Ele realmente voltou à vida e estava vivo até hoje...É incrível! Este Jesus, disse o Ed, amou até a mim, e incondicionalmente.

Ed tirou tempo comigo, e me ensinou a Oração do Senhor e me encorajou a recitá-la sempre que me sentia mal ou precisava de ajuda. "Pai nosso que estás no Céu"- a oração que se tornou minha linha de vida sempre que as coisas ficaram difíceis. Eu sempre serei grato por Ed ter vindo à minha vida no momento certo. Chamo de o acaso.

Um dia, depois do karate, me senti corajoso o suficiente para lhe perguntar se ele poderia vir para a minha casa e "corrigir" a minha mãe. Eu estava tão preocupado, vendo ela se deteriorar pelo dia... talvez com seus poderes de cura ele poderia tirar sua dor e ela não teria que beber nunca mais! "Apenas se ela realmente acredita também", Ed tinha-me dito, enquanto ele e o nosso diretor da igreja, Kristian, entraram em nossa casa. Naquela noite, coloquei muita fé na capacidade de Ed para salvá-la e esperava com todo o meu coração que ela encontrasse alguma paz. Que ele poderia dar-lhe o que ele me deu. Mas, infelizmente, minha mãe não estava interessada, e as minhas esperanças foram esmagadas, enquanto ela sentou polidamente ouvindo e concordando, mas realmente apenas esperando que eles saíssem. Ela não queria nada disso.

Então, até o Ed acabou por ser uma decepção para mim. Mesmo ele não conseguiu consertar o que estava errado com minha mãe e minha família quebrada. Ele, no entanto, me deixou com a oração que eu levaria comigo para sempre. Com a ausência de um pai amoroso e sempre presente na minha vida, e a influência de muitas figuras temporárias prejudiciais de pai, talvez este "Pai no Céu" fosse o único pai que eu realmente podia confiar?

CPS Report, 6 de outubro de 1988:

Brenda e Rikki terminaram sua convivência em novembro de 1985. Brenda mudou-se para um apartamento em Reykjavík com a ajuda do abrigo para mulheres. Ela começou a ver um psicólogo, que a considerava mentalmente desequilibrada. Ela foi admitida na Clínica de Reabilitação Cliff por 10-15 dias para tratamento depois de tentar se jogar na frente de um ônibus. Brenda pegou as crianças de volta após o tratamento que acabou no final de agosto, mas em seguida voltou ao tratamento novamente por 10 dias, e recaiu imediatamente depois.

Relatório, 11 de dezembro de 1988:

O CPS (Serviço de Procuradoria da Coroa) veio buscar o menino de 9 anos, Baldur, mas ele se trancou no banheiro e saiu da janela, preferindo estar com sua mãe. É claro que Baldur se apega a sua mãe inequivocamente. As preocupações e alegrias dela, são dele.

No final do dia, era só eu e a mãe.

3
O ZELADOR

Minha mãe nasceu em Fevereiro de 1960, na Península do Sul da Islândia. Ela era uma das quatorze irmãs, e como você pode imaginar, sua casa de infância era um caos total!

Minha mãe, com toda a sua força de caráter, sempre foi considerada diferente, pois ela nasceu com uma marca de nascimento grande e peluda que quase cobria completamente a bochecha direita. Esta "marca" tinha tornado a vida difícil para ela, especialmente como uma menina durante seus anos de escola. O bullying naqueles dias acontecia naturalmente sem controle, então a minha querida mãe tornou-se um alvo de incessante maltrato e assédio, que foi deixado para continuar desnecessariamente e sem restrições por anos. A mãe se acostumou com a exclusão social e, infelizmente também sofreu com dificuldades de aprendizagem - obviamente uma consequência natural de todo o bullying e alienação. Não é de surpreender que ela tenha deixado a escola se sentindo sem valor acadêmico, e com um F em auto-estima.

Os pais da minha mãe eram ambos alcoólatras, por isso o consumo excessivo de álcool e as emoções elevadas eram comuns em sua casa, que deveria ter sido seu único santuário. Como uma estação de trem, as pessoas vêm e vão, e a constante festa e beber frequentemente com os convidados muitas vezes levam a brigas e problemas domésticos.

Presa no meio deste mundo de vício, apenas uma de quatorze crianças, minha mãe, talvez inevitavelmente, se encontrou presa a vários abusadores de crianças que aproveitaram o ambiente caótico. Eu nunca vou esquecer, eu era muito jovem quando ela me contou em lágrimas a história sobre como ela tinha sido estuprada em sua própria casa. Me doía por ela. Uma raiva profunda começou a crescer em meu coração e a minha vingança cobria os meus pensamentos (apenas outra coisa para acrescentar ao meu arsenal de animosidade). Eu desejava crescer, ser forte e ensinar a todos uma lição.

Minha mãe era o meu sol, e eu era o planeta que gira em torno dela. Lembro-me que ela estava sentada no sofá chorando, uma noite, com uma garrafa de vinho tinto e um copo meio vazio em sua mão e pensando que ela deve ter ficado incrivelmente com sede porque ela esvaziou os copos tão rapidamente. Sentei-me ao lado dela, abracei-a, e tentei secar-lhe as lágrimas com a manga do meu suéter. "Querido", disse ela, empurrando-me para longe, "a mãe só esta se sentindo mal. É por isso que eu bebo vinho. Isso me ajuda a me sentir melhor."

Se eu tivesse sido um adulto, eu poderia ter detectado a negação e a auto-justificação escondidas em suas palavras sombrias, mas eu tinha apenas cinco anos de idade, então eu aceitei sua explicação sem duvidar disto ser a verdade.

Eu era um pouco mais velho quando ela me contou sobre mais atrocidades que ela tinha experimentado durante sua juventude, lágrimas fluindo de seus olhos em correntes estáveis e incessantes. Eu trouxe-lhe um rolo de papel higiênico, que ela conseguiu usar completamente, e eu assisti a ela sem esperança, enquanto ela preenchia o espaço entre suas pernas com papel molhado. A garrafa de vinho sempre esvaziava antes das lagrimas pararem de correr. "Baldur, querido, você é meu melhor amigo. Eu nunca tive um amigo tão bom." O meu coração de repente se sentiu pesado, ninguém nunca tinha perguntado para mim, quem era o meu melhor amigo. Eu não estava mais emocionalmente equipado para me fazer essa pergunta, do que eu estava para ouvir as histórias de testes e tribulações adultas de minha mãe... mas acabei de faze-la.

Minha mãe, por vezes, tinha um temperamento rápido. Ela mordia o seu lábio inferior, colocava a mão pra traz e batia no meu pescoço com velocidade. Cada golpe quente que ela deu, foi acompanhado por uma mensagem clara para mim sobre o meu valor... "Você nunca faz nada certo! Você é inútil!". Eu sempre vi a dor de coração e o arrependimento nos olhos dela quando ela percebeu o que tinha feito, mas o tempo passado vivendo com Rikki tinha plantado terreno fértil no meu coração jovem para as sementes de auto-rejeição. Muito mais tarde na vida, eu percebi que eu mordi muito meu lábios assim como ela fez, sempre que meus filhos testaram minha paciência. Mas a minha mão nunca, jamais seguiu.

Quando criança, eu ficava sentado por longos e desconfortáveis períodos, esperando que a mãe voltasse para casa, sem saber onde ela estava ou o que aconteceu com ela. Mesmo que ela era geralmente triste e dormia muito quando ela estava em casa, pelo menos eu sabia que ela estava comigo, e nós dois éramos seguros. Às vezes, minha mãe contratou uma babá para mim, uma jovem amigável chamada Dawn, que se sentava e conversava comigo e ouvia minhas histórias. Quando Dawn estava por perto, eu não tinha que sentar-me à janela, estressado, esperando minha mãe voltar para casa.

Tivemos bons momentos, no entanto. Quando a mãe estava num espaço feliz, ela costumava fazer-nos o seu "Caramelo Especial da Península do Sul". Nós as crianças assistiamos com entusiasmo, como ela deixou a deliciosa manteiga e o açúcar molhar na panela por um tempo, e depois adicionou o cacau à mistura mágica. Toda a casa cheia com o aroma mais celestial e uma eternidade inteira parecia passar enquanto nós observávamos o caramelo mergulhar no fogão. Uma vez que estava pronto, ela colocava em tigelas e sempre fez um ponto de dar a todos uma quantia igual, para evitar o drama. Então nos sentavamos, lambendo os lábios, a nossa paciência era testada, enquanto esperávamos em expectativa para que esfriasse, até que não fossemos queimar as nossas línguas.

Aquelas noites foram as melhores! O caramelo mágico da mãe ajudou a todos a esquecer, assistindo TV juntos e rindo enquanto digeríamos. Eu queria que a vida fosse uma noite de caramelo sem parar com a minha mãe.

Em uma dessas noites divertidas, a mãe decidiu que iríamos fazer uma viagem para visitar nosso avô no dia seguinte, e ela anunciou, rindo, que ela iria nos "acordar com um chute na bunda" para a visita. Então, meus irmãos e eu corremos para a cama, e acordamos brilhantemente cedo, entusiasmados, e prontos para ir! Mas minha mãe não parecia querer sair da cama. Eu quase tive que arrastá-la para fora de debaixo das coberturas, até que, finalmente, ela apareceu, olhando exausta, no corredor onde tínhamos estado esperando por ela por horas.

"Baldur. Onde estão as minhas chaves do carro?"

"Mas, mamãe," eu disse, "temos mesmo que pegar a feia velha Skoda(nosso carro)? É tão embaraçoso! O avô está tão perto... não podemos simplesmente caminhar?"

Minha mãe só agitou a cabeça, irritada, e vasculhou na sua bolsa. Com um suspiro cansado, ela finalmente tirou suas chaves. "Tudo se perde nesta coisa!"

Então, no final, todos subimos para o banco de trás, e assim que minha mãe saiu da estrada, ouvimos uma sirene. Um carro da polícia parou atrás de nós, luzes piscaram. Cidade pequena.

"Caramba!" Minha mãe resmungou, ao baixar a janela para a polícia.

"Brenda", disse ele. "Você sabe que sua licença foi revogada."

"Sim, eu sei", respondeu ela com um olhar de pena. "Estou apenas levando as crianças para visitar o meu pai, isso é tudo!"

Todos fomos convidados a sair do carro, deixá-lo onde estava, e caminhar para casa. A minha mãe não estava feliz!

"Polícias estúpidas. Por que não nos deixam sozinhos?

Pouco depois deste incidente, os Serviços de Proteção de Crianças voltaram a bater, e removeram Sophie e David de nossa casa. Fiquei com a minha mãe, chocado e confuso. Porque é que os policiais estavam fazendo mal à minha pobre mãe? O Serviço de Proteção de Crianças era mau, roubando crianças de suas próprias mães, e foi culpa deles que a mãe começou a beber ainda mais e até mesmo começou a usar seringas com agulhas em seus braços novamente.

Nessa altura, a atmosfera em casa tornou-se pesada e intensa novamente, e eu assistia minha mãe como um falcão, preocupado que ela se machucasse.

"Baldur, querido," ela desmaiou, apontando para mim, "você é meu melhor amigo, meu cavalheiro doce em armadura brilhante. Eu prometo, eu não vou fazer isso de novo. Eu juro!"

Olhei para ela, balançando onde estava, e senti tanta compaixão por ela.

Então, eu só balancei minha cabeça.

Eu me tornei o cuidador da minha amada mãe, um radar humano, escaneando obsessivamente para mudanças em seu comportamento, e co-dependente em seu estilo de vida viciante e perigoso. Eu estava carregado de medo de que ela me deixasse órfão, e eu carregava o fardo da responsabilidade pela vida dela e da minha. Eu estava nisso sozinho, a única criança que ela tinha, e eu escapei de todas as tentativas do Serviço de Proteção de Crianças para me tirar da minha mãe. Eu fugia pela janela do banheiro sempre que os via chegando e aprendi rapidamente que, se os policiais ou parentes aparecerem, era melhor desaparecer, para que eu não fosse tirado da minha mãe. Saí e escondi-me atrás da garagem, aterrorizado, até que tudo estivesse tranquilo.

Quem cuidaria dela se eu não estivesse?

Aprendi a antecipar os acontecimentos e encontrar soluções para eles rapidamente, mas também aprendi que ninguém, nem um único homem ou mulher, poderia ser 100% confiável. Eu tive que cuidar de mim mesmo. Não havia ajuda.

Meus irmãos tinham ido.

Eu era o Cuidador.

4
VIDAS SECRETAS

Enquanto criança, cuidar da minha mãe às vezes significava esconder coisas dela, não apenas coisas que eu tinha feito, mas coisas que tinham sido feitas para mim também. Eu era um aprendiz rápido e rapidamente me acostumei a guardar segredos. Olhando para trás agora, é claro para mim por que eu pensei tão jovem, com 7 anos de idade, que eu, e apenas eu, era a ovelha negra da minha família.

Para dizer com leveza, eu poderia ser um otário! Na maior parte do tempo, minha mãe não tinha ideia do que eu estava fazendo - especialmente quando se tratava de meus primos.

Eu tinha um primo, que era da mesma idade que eu, e, com muita frequência, nós fazíamos a um monte de besteiras. Se essas "ideias incríveis" foram dele ou minhas, eu não me lembro, mas tenho a certeza de que fomos igualmente responsáveis pelo caos que deixamos em nossa volta! Em uma ocasião, quando tínhamos sete anos, decidimos que era um plano brilhante subir em uma escada ao redor do exterior de uma casa meio acabada, ao lado de uma rotunda, em uma das estradas principais de Keflavik. Que aventura! Para nós, parecia uma bela casa fantasma de um filme de Hollywood, e tivemos que explorá-la!

Começámos a escalar, e por volta da metade da parede, senti um tremor desconfortável na minha coluna. Claro, eu não disse nada e simplesmente continuei escalando. Eu não ia dar a ninguém a oportunidade de me chamar de galinha! Nunca! Quando finalmente chegamos ao andar superior, sem fôlego, entrámos através de uma janela, e começámos a caminhar sem parar sobre os pisos enrugados dentro da casa.

"Desçam essas bundas aqui AGORA!"

Saímos para o balcão, só para ver o meu tio, o pai do meu primo, gritando-nos, furiosamente, o rosto tão vermelho como o sinal de trânsito ao lado dele. "O que estão fazendo?" gritou ele. O medo agarrou-me como um vício, e aquele nó familiar e doloroso de ansiedade no meu estômago me apunhalou mais uma vez.

Nós apressadamente, e sem uma palavra, descemos até o chão abaixo, para enfrentar o nosso destino, e o pai do meu primo agarrou seu filho e o puxou para perto, olhando indignamente para mim. O meu coração batia! Ele puxou o dedo indicador no meu peito e gritou, "Baldur! Você é a ovelha negra desta família. É isso, você nunca vai brincar com o meu filho novamente!"

Meu coração mergulhou no meu estômago, e eu estava lá, olhando para ele. Sem palavras.

Quando eu penso sobre este incidente como um adulto, e eu sendo um pai como sou hoje, eu só posso imaginar o medo que deve ter apanhado meu tio quando ele viu seu filho de 7 anos de idade pendurando daquele balcão. Foi a primeira vez que ouvi essa frase - "Ovelha Negra".

"Eu suponho que não sou bom", pensei para mim mesmo, como suas palavras confirmaram o que eu já suspeitava.

Depois disso, eu estava constantemente fazendo besteiras, e comecei a guardar segredos. Tantos segredos.

Alguns mais escuros que outros.

Por volta deste mesmo tempo, eu tinha um primo que era alguns anos mais velho do que eu, e um dia, quando eu estava sozinho em casa, ele me fez uma visita surpresa. Eu disse-lhe que minha mãe não estava em casa, mas ele só sorriu e disse-me que era eu que ele tinha vindo ver. Honrado e ansioso para passar o tempo com o meu primo mais velho, nós dois corremos para o meu quarto para brincar, quando ele de repente disse:

"Ei, Baldur! Podes fechar a porta? Eu quero mostrar-lhe algo legal."

Eu fiz o que ele pediu, só que muito feliz para fazer parte dessa coisa emocionante que ele ia me mostrar.

"Baldur," sussurrou ele, olhando-me nos olhos, "você já brincou antes?"

Eu queria impressioná-lo, mas eu não tinha idéia do que ele estava falando, então eu simplesmente puxei a cabeça. Eu estava lá, tentando me comportar bem, quando ele de repente tirou as calças. Ele olhou para mim casualmente e então disse, "Agora é a sua vez."

Eu estava assustado e inseguro, e não tinha ideia do que estava acontecendo, mas eu não ia deixar parecer isso, então eu simplesmente puxei minhas calças para baixo também.

Eu não vou entrar no que aconteceu depois, mas basta dizer, depois que acabou, ele sentou-se na minha cadeira de quarto e sussurrou, "Você não vai dizer a ninguém sobre isso. Este é o nosso segredo, OK?"

Prometi-lhe e mantive a minha boca fechada, mas o nó de turbulência interior no meu estômago só cresceu. Eu sabia que não era certo, e isso me encheu de culpa e vergonha.

Depois deste incidente, obviamente curioso, comecei a me masturbar. Sentia apenas vergonha, mas ao mesmo tempo, me deu uma sensação de conforto, e de fuga. Eu também comecei a 'brincar de médico' com alguns dos meus amigos, o que, é claro, sempre terminou mal. E foi. A irmã da minha mãe aproximou-se de mim, um dia, depois de ter descoberto de seu filho.

"É errado", disse ela. "Parem agora!" Eu me senti sobrecarregado de vergonha, imundo, e que algo deve estar realmente errado comigo. Eu cumpri o pedido da minha tia, e tentei esquecer a enorme vergonha, mas por um longo tempo eu não me atrevi a olhar para os olhos dela.

A minha tia deve ter contado à minha mãe o que tinha acontecido porque um dia ela de repente começou a interrogar-me.

"Alguém fez algo de errado com você, Baldur?"

Eu fingi não entender o que ela estava falando.

"Eu prometo, meu querido, você nunca terá que ver a pessoa de novo, mas você tem que me dizer quem é!"

Eu queria revelar tudo, mas estava com medo e envergonhado, então eu neguei tudo e fingi não saber.

"Foi o seu avô, Baldur?"

Eu sacudi a cabeça, não. Meu avô morava em um pequeno apartamento no nosso quintal, uma antiga garagem que tinha sido renovada. Passei muito tempo com ele. Ele era gentil, me deu doces e sempre estava feliz em brincar comigo, mas nunca fez nada inapropriado. Eu tinha onze anos quando eu finalmente disse à minha mãe sobre a minha 'brincadeira de doutor'. Ela estava zangada e me repreendeu e a vergonha mortificante me sobreviveu mais uma vez. Consumiu-me e tornou-se como uma sombra pesada escura, seguindo-me por toda a parte. Algo estava definitivamente errado comigo.

Eu *era* a Ovelha Negra.

Com o tempo porém, compreendi que a razão pela qual me senti tão profundamente envergonhado era porque eu tinha, sem compreensão, respondido ao abuso de meu primo com sentimentos agradáveis. Ele tinha-me atacado, mas a sua transgressão foi obscurecida na minha mente pela reação natural do meu corpo. Eu tinha 27 anos quando eu finalmente compartilhei esta história, na mesa de jantar, com a minha família. Eu não queria causar dor ou desconforto à minha família, mas eu senti que eu iria explodir se eu tivesse que segurá-lo por mais tempo. Finalmente, o meu segredo foi revelado. Minha mãe sentou-se à mesa, completamente em silêncio, mas assim que ela se recuperou do choque, ela me mostrou apoio, amor e compreensão. Me sentei com ela a falando, e o trauma saiu de mim como se eu tivesse lançado uma fervura. Eu me senti doente e confuso, mas de alguma forma inexplicável eu me senti mais leve, e liberto por dizer tudo em voz alta.

Eu percebi que de alguma forma, com o tempo, eu tinha chegado a acreditar que talvez eu fosse o culpado, mas quando eu relatava os acontecimentos à minha família, naquela noite, meu crítico interior foi silenciado de uma vez por todas. Eu era a vítima, não o culpado.

Pouco sabia que um dia perdoaria o meu agressor e ajudaria os outros a perdoarem também os seus.

Pouco sabia que um dia, eu iria ajudar centenas de vítimas de abuso.

O meu segredo tornou-se a minha força.

5
O REI!

À medida que cresci, sofrer bullying se tornou algo de um modo de vida para mim na escola elementar, e insultos em grupo, infelizmente, só se tornaram esperados. Além disso, para adicionar insulto à lesão, eu tinha uma verruga recorrente horrível e embaraçosa no meu nariz, que apesar de repetidas tentativas de queimar, me deu todos os tipos de apelidos cruéis.

Um dia depois da escola, um grupo de rapazes de várias classes decidiu se juntar e atacar a mim. Eles me perseguiram fora da escola e saltaram sobre mim, batendo e batendo, enquanto eu estava deitado lá passivamente, determinado a não mostrar quaisquer sinais de fraqueza. Depois de apanhar, eu de repente notei os rapazes pareciam distraídos, e olhei para cima e vi que meu primo mais novo, Harold, tinha vindo para o meu resgate e estava debatendo com o líder do grupo. Eu olhei para ele, e congelei.

Na época, eu estava vivendo com a irmã de minha mãe Bridget e seu marido Harold, e quando meu primo e eu chegamos em casa naquele dia, eu fui ensinado uma valiosa lição de vida. Enquanto meus primos olhavam, Harold Pai me deu uma repreensão completa por não ter se defendido o meu primo quando ele havia vindo em minha defesa. Eu me lembro de pensar que ele estava certo, mas não consegui entender por que eu tinha congelado e não fiz absolutamente nada para ajudá-lo. Eu nunca faria isso de novo. A partir desse momento, sempre defendi aqueles que estavam perto de mim, independentemente do risco. Graças ao meu tio, aprendi a minha primeira lição de lealdade.

Durante este tempo, também fui frequentemente enviado para viver no campo com a irmã da minha mãe, Sigga, e seu marido Gunnar. Foi uma fuga bem-vinda. Adorei o ar fresco e o espaço aberto. Eles me deram bolos de canela fresquinhos e leite diretamente da vaca, e nada era mais divertido do que montar na parte de trás do vagão Haybale com meus primos, a velocidades incríveis!

A antiga fazenda em que viviam era feita de madeira, construída sobre uma fundação de concreto, e me lembro muitas vezes, quando Sigga fazia a lavagem de roupas à noite, toda a casa nos chacoalhava pacificamente para dormir conforme a secadora atingia a velocidade máxima de rotação. Eu sempre gostei de estar no campo, mesmo que eu realmente sentia falta da minha mãe e constantemente estava preocupado com ela não ter ninguém para cuidar dela. Em tempos como estes, eu frequentemente recitava em silêncio a oração que Ed da igreja me ensinou e pedi a Jesus para cuidar da minha mãe.

Um verão, na fazenda da minha tia, ouvimos falar de uma luta que seria realizada nas proximidades. Parecia tão divertido, e eu realmente queria experimentar, então meu tio, Gunnar, emprestou a mim e ao seu filho Marcus, alguns cintos de luta. Foi uma competição islandesa de Glima, uma forma tradicional de luta islandesa, onde dois concorrentes lutam para trazer um ao outro para o chão, sem perder o equilíbrio, apenas agarrando-se ao cinto da outra pessoa. Meus primos e eu passamos ansiosamente horas praticando uns com os outros, mas Marcus logo desistiu, pois ficou óbvio que eu era muito melhor nisso do que ele. O entusiasmo que eu senti quando eu usei todas as minhas forças para apanhá-lo na grama foi incrível! É viciante! Finalmente, eu estava a defender-me. Eu já não era um perdedor!

Então, começamos a assistir a todos as lutas no campo. Eu estava cheio de entusiasmo e determinação. Eu ganharia todas as minhas lutas e seria coroado o 'Rei da luta Glima'!

Tudo começou muito bem para mim; eu empilhei um rapaz de campo derrotado, suado em cima de outro com facilidade, e estava certo, e talvez um pouco excessivamente confiante, que eu ganharia o título. Quando a final chegou, fiquei completamente chocado ao descobrir que o meu oponente era uma menina! Uma menina com mais ou menos 30 centímetros a mais do que eu, e pela aparência dela, duas vezes mais pesada. As minhas mãos ficaram apertadas de medo, e aquela voz interior crítica e desagradável, que eu tinha chegado a conhecer tão bem, começou a se afastar de mim de novo.

"Os rapazes não devem lutar com as meninas!" Eu disse friamente, tentando sair disso, apenas imaginando a indignidade de ser derrotado até o chão por uma garota! Eu tinha sido tão convencido e cheio de confiança, mas naquele momento, eu só queria desaparecer no chão.

"Apenas vá!" alguém gritou. "Ela tem lutado com rapazes durante todo o torneio!"

Não havia retorno agora, então eu rezei em desespero. Aproximei-me da menina e a comprimento com o costume de luta islandesa honrado pelo tempo. Então, peguei o cinto dela, e assumimos a posição inicial. O apito soou, e eu já podia sentir a força da menina quando demos nossos primeiros passos. Eu sabia logo que eu não teria uma chance contra ela a menos que eu agisse rápido. Eu tive que amarrar minha perna direita atrás dela e fazê-la perder o equilíbrio! Ela era boa, mas eu consegui evitar suas manobras e ficar de pé. Depois de muitas tentativas ousadas para me lançar no chão, eu finalmente coloquei meu pé esquerdo atrás de perna direita dela e empurrei ela com toda a minha força.

Ela perdeu o equilíbrio, caiu para trás. Acabou! Ela caiu!

Eu saltei e gritei, "Woohooo! Eu sou o Rei!" Eu estava triunfante.

Eu finalmente ganhei alguma coisa!

Eu gostei de cada segundo.

Mas, infelizmente, nem todas as lutas que me envolveram foram tão controladas e respeitosas como esta. Naquele mesmo Natal, a minha mãe me deu um carrinho de corrida de neve. Eu absolutamente adorei, e eu corri para fora na neve para deslizar no morrinho atrás do nosso apartamento. Foi fantástico! O lugar estava movimentado com crianças, mas nenhuma delas tinha um carrinho tão legal como o meu. Eu estava arrastando a lança para cima da colina para outra corrida, quando ouvi um dos rapazes mais velhos gritar para mim,

"Ei! Esse tipo de carrinho não é permitido aqui!"

"Porquê?" Eu interroguei.

"Apenas desça da nossa colina e leve esse carrinho contigo!"

"Você não é dono desta colina!" Eu gritei para ele, a minha raiva começou a subir.

O rapaz caminhou para mim, "Se você não sair daqui, eu vou bater em você!"

Eu hesitei, e antes que eu pudesse piscar, esse valentão começou a me chutar. Eu não podia suportá-lo mais. Uma súbita onda de confiança me encheu, e gritando o mais alto que pude, peguei ele como fazia nas lutas e arremessei ele no chão. Apertando-o o mais duro que pude, soltei-o com uma mão e comecei a batê nas costas dele com o meu punho. "Deixa-me ir!" chorou.

Foi quando as pessoas começaram a correr para as suas varandas para ver o que estava acontecendo que eu parei. Eu ouvi a minha mãe gritar, eu me assustei, e finalmente soltei o menino.

"Te odeio! Odeio-vos a todos!" gritou o valentão com lágrimas nos olhos.

Eu o vi correr com a seu carrinho, derrotado, e desfrutei do entusiasmo da vitória. Eu não me importava. Eu tinha sido ameaçado e atacado e tinha finalmente aproveitado toda a minha raiva e energia para conquistar. Me senti grande. Me senti visto. O aperto no meu estômago tinha desaparecido.

A minha confiança na minha capacidade de me defender estava lentamente crescendo. Em outra ocasião semelhante, em um dia quente de verão, meus amigos e eu estávamos jogando basquete, e eu tinha perdido alguns arremessos. De repente alguém gritou para mim, "Você é um perdedor. Saia da nossa quadra!"

Já irritado que eu continuava errando a cesta, o comentário foi a última gota! Olhei para baixo para o menino e mandei ele fechar a boca, mas ele só continuou e começou a caminhar na minha direção.

Eu só via vermelho.

Corri para ele e arremessei ele no chão.

"Chega, Baldur!" gritaram-me os meus amigos, enquanto eu ficava tão zangado que batia a cabeça dele no chão. Eu senti meus amigos me tirando de cima e percebi que eu tinha ido longe demais. Nós voltamos, deixando ele deitado lá, inconsciente no pátio. Mas eu não me senti culpado. Senti-me anestesiado. Senti-me entorpecido.

Então, eu continuei.

Outro dia, enquanto visitava o meu primo mais novo, Henry, eu estava entediado, então sugeri que saíssemos juntos e destruíssemos alguns ninhos de gaivotas. Ele morava ao lado de um pântano não cultivado, perto do nicho das aves. Ele concordou, e nós fomos para a garagem para escolher nossas "armas"

"O que é isto?" perguntei, pegando um pacote de uma mesa.

"Pó de pólvora", respondeu Henry. "o meu pai usa isso em na arma de fogo."

Isso chamou a minha atenção. "Bem, vamos levar um pouco conosco", eu disse. "Talvez encontremos um líquido mais leve aqui também."

Eu realmente gostava de brincar com o fogo. Ás vezes criando um lança chamas do spray de cabelo da minha mãe. Henry parecia inquieto e hesitante, mas eu o convenci a seguir a minha ideia.

Eu estava ficando bom nisso.

Saímos para o terreno dos ninhos, pegamos alguns filhotes, e sentamos para olhar. Enquanto cobrimos eles com pólvora, nós encharcávamos eles com gasolina, e os acendíamos. Fiquei fascinado. Algo aconteceu dentro de mim, e eu ri manicamente enquanto assistimos aos pássaros queimando.

A violência estava se tornando como uma droga.

Ela tirou a dor.

Por um tempo, de qualquer forma.

6
MEU PRIMO AARON

Por volta dos dez anos de idade, comecei a perceber que tudo o que me dava algum surto de adrenalina, de alguma forma me fez sentir bem. Faz-me sentir melhor. Logo depois de me mudar para outro bairro novo, fiz amizade com dois rapazes chamados Simon e Henrik, e começamos a roubar. Roubar dinheiro de roupas no armário da Table Tenis, de caixas de doação, de bolsos de jaqueta na igreja. Nós nos sentimos inteligentes e legais. Ninguém jamais suspeitaria de nós, e usávamos o dinheiro para comprar doces e fast food... e às vezes álcool.

Simon e eu esperávamos fora da loja de bebidas alcoólicas e pedíamos às pessoas que entrassem para que comprassem um fardo de cerveja. A maioria das pessoas se recusava e nos xingavam, mas sempre tinha alguém que se rendia, e comprava.

Então, pacotes com seis e tudo, estávamos em uma pequena sala de armazenamento na casa de Simon, equipados com um sofá e lançador do gueto blaster, onde, com dez anos de idade, nós podíamos beber e fumar em paz. Foi também durante este tempo que começamos a experimentar o "pósinho branco". Eu colocava-o em um saco de doces e inalava profundamente, até que o esquecimento tomava conta de mim, e o nó sempre presente no meu estômago desaparecia. Nossa pequena gangue prosperou, ouvindo rap, nós encontrávamos mais e mais maneiras de ficar chapados, incluindo cheirando um fluido mais leve e cola. Eu constantemente precisava estar fazendo alguma coisa, porque uma forte onda de miséria incontrolável tomava conta de mim cada vez que eu estava um pouco "normal".

Foi durante este tempo que me tornei amigo do meu primo Aaron. Eu amava estar com ele, e nós nos tornamos inseparáveis, muitas vezes enganando as pessoas dizendo-lhes que éramos irmãos. Sempre que eu pudesse, eu ia para a casa do Aaron em Keflavik, e nós saíamos para o bairro sozinhos, livremente para executar nossas feitas ousadas e atuações perigosas nas falésias altas e escorregadias perto do porto. Nós éramos dois viciados em adrenalina, irmãos em braços, e era excitante!

Uma vez, no meio do dia, estávamos a caminho de volta para a casa de Aaron, quando percebemos que tínhamos ficado trancados do lado de fora. Tentamos sem sucesso abrir a janela ao lado da porta da frente, mas ficámos presos. Podíamos ter esperado, mas estávamos realmente com fome e queriamos entrar, então começamos a fazer um plano.

"Há uma escada no quintal!" O Aaron disse. "Talvez possamos subir e entrar pelas portas da varanda. Elas nunca estão trancadas."

A escada, que estava no gramado, era longa o suficiente para chegar até ao terceiro andar. Brilhante! Ele pegou o lado esquerdo e eu peguei o lado direito, e começamos a levar ela para a casa. No início não parecia ser um problema, mas quanto mais perto da casa, mais pesada parecia a escada. Eu tinha 10 anos, e Aaron tinha 9, e a escada era feita de madeira pesada e resistente. Não éramos exatamente grandes, e começamos a perceber que nossos pequenos músculos não podiam suportar o peso. Começámos a lutar, e a escada começou a tremer.

"Acho que precisamos soltar e pular para o lado, Aaron!" Eu gritei,

"Ok... depois das três! Um, dois, vá!"

Eu soltei o meu lado e saltei para longe da escada.

Aaron saltou debaixo dela.

"Aaron!" Eu gritei em choque, quando ouvi o ruído da escada pesada que caiu sobre a cabeça do meu primo! Eu corri em direção à ele, e como se possuído de uma força supra-humana repentina, eu tirei a escada de cima dele. Eu tive o maior medo da minha vida... O sangue estava derramando da cabeça dele! Normalmente eu me assustava com o sangue, e me sentiria doente ou fugiria, mas eu esqueci meu medo completamente e cuidadosamente o ajudei, sacudindo os seus pés.

"Baldur, estou sangrando?" perguntou um Aaron pálido espantado, um olhar de pânico em seu rosto. Eu olhei para ele, assustado, e realmente não sabia como responder. Seu rosto estava coberto de sangue. "Apenas um pouco!" Respondi com uma voz tremendo, tentando não assustá-lo. "Vamos", disse eu. "Vamos para a delegacia." Felizmente, o posto de polícia estava ao lado do apartamento onde ele morava, então fomos correndo o mais rápido que nossas pequenas pernas podiam nos levar, eu o carregava.

"Precisamos de ajuda!" Eu gritei, abrindo a porta.

O meu primo estava agora imerso em sangue. Os oficiais conduziram-nos diretamente para o hospital, e nos sentamos juntos no banco de trás, enquanto um deles pressionava uma faixa de gase contra a cabeça sangrando de Aaron. Quando chegámos ao hospital, um médico veio correndo para nos encontrar, e até ele parecia preocupado com a visão de Aaron. O terror me pegou ainda mais quando vi a expressão nos rostos das enfermeiras enquanto todos o arrastam ele para dentro. Pobre Aaron! Seu crânio não tinha sido quebrado, mas as unhas na escada tinham rasgado seu couro cabeludo em pedaços. Ele fez 83 pontos na cabeça naquele dia, mas isso não seria a última vez que eu e Aaron tentaríamos o destino.

Continuámos com os nossos riscos, fumando, roubando, ouvindo Guns N' Roses, e pendurando nas costas dos carros enquanto eles faziam donuts na neve. Também damos às pessoas um gosto de sua própria medicina, entrando em lutas com qualquer um que ousou nos causar problemas. Eu assegurei-me de que ninguém jamais maltrataria o meu "irmão adoptivo".

Eu comecei a perceber que eu estava ficando meio "chapado" do meu comportamento selvagem. Toda a violência e mau comportamento não era apenas sobre libertar essa tensão interior, eu também comecei a desfrutar do poder que me deu sobre outras pessoas. Comecei a pensar que eu e o Aaron éramos invencíveis.

Não éramos.

Uma noite, fui acordado no meio da noite por alguém gritando.

"Onde estão, Baldur? Nos diga onde estão os meninos!"

À medida que a minha cabeça começou a ficar limpa, olhei para cima com choque, para ver a minha mãe e um policial em pé no meu quarto!

"O que? Que rapazes?" Eu estava confuso.

"Aaron e Julius!" gritou ele.

"Lamento, não tenho ideia. Não vi nem um pouquinho o meu primo hoje!"

O policial olhou com suspeita ao redor do meu quarto, fez mais algumas perguntas e saiu. Eu estava acordado por horas, preocupado com Aaron e desconfortável com a atitude ameaçadora do policial para comigo. Quando acordei na manhã seguinte, corri para a cozinha para perguntar à mãe se Aaron e seu amigo tinham sido encontrados.

"Eles ainda estão desaparecidos, meu amor," ela disse. "Você vai ter que cuidar da criança esta noite, para que eu possa participar do grupo de busca."

Um grupo de busca? Tudo estava começando a parecer perturbadoramente sério.

Eu engoli seco, "Posso ir também, mãe?"

Ela recusou e ponto final, me deixando em pé sozinho, me sentindo estressado e inútil. Eu fiquei em casa e cuidei dos meus irmãos mais novos naquela noite, e como as noites se acumularam e o grupo de busca continuou sem sucesso, eu comecei a sentir a dor de estômago. Eu ficava sentado junto à janela, esperando por horas, e olhava para as marcas de queimaduras no meu braço – lesões e cicatrizes dos jogos de frango que Aaron e eu frequentemente brincávamos com cigarros fumegantes.

A busca pelos rapazes foi a mais extensa já realizada na Península do Sul da Islândia. No seu auge, cerca de 250 pessoas participaram, escovando quase todos os metros quadrados da área sem encontrar qualquer vestígio de meu primo ou seu amigo. Cerca de quinze mergulhadores com câmeras submersíveis foram pesquisar no porto, casas e tubos de drenagem foram examinados, tanques de óleo foram esvaziados. Até psicólogos foram contratados para ajudar, terminando com um deles prevendo que os meninos estavam presos em algum lugar num espaço fechado. A polícia ordenou que um navio de carga que já tinha chegado ao mar aberto voltasse, e todos os contêineres a bordo foram abertos... para nada.

O tempo tinha sido terrível no dia em que os rapazes haviam desaparecido, mas isso não me preocupou. Aaron e eu adorávamos descer para os penhascos em tempo de tempestade e nós nos tornamos especialistas em saltar entre rochas como as ondas caíram sobre nós. Passamos horas atormentando o mar, gritando, "Você nunca vai me pegar!" O mar parecia responder às nossas provocações; e muitas vezes teríamos que correr pelas nossas vidas antes de uma onda cair, exatamente onde estávamos um segundo antes. Então nós celebrávamos nossa vitória de conquistar os elementos, sentados dentro do abrigo de concreto alto nas rochas, conversando e rindo.

O mesmo abrigo de concreto onde um cão de resgate finalmente pegou seu cheiro, mas ainda assim, eles não foram encontrados. A busca continuou. Eu comecei a perder a esperança. Talvez um deles estivesse em apuros e o outro corajosamente tentou ajudar, apenas para que ambos fossem esmagados por uma onda gigante e levados. Lágrimas correram pelas minhas bochechas. Eu não podia suportar o pensamento de que o mar tinha prevalecido. Como isso pode acontecer? Como é que o meu melhor amigo pode ser tirado de mim?

A busca durou três semanas, depois foi cancelada. Meu doloroso sentimento de perda foi mantido vivo pela esperança de finalmente encontrar Aaron. Durante anos, toda vez que vi um rapaz loiro com cabelos longos, o meu coração pulava uma batida, apenas para ser recebido com uma amargura decepcionante. A dor da falta do meu melhor amigo espalhou-se pelo meu peito, como uma rede, tornando difícil respirar às vezes. Ninguém teve tempo de falar comigo sobre isso, ninguém teve tempo para ouvir.

Como eu devia viver sem Aaron?

7
A MORTE DO AMOR

Relatório de Serviços de Proteção Infantil, Abril de 1991:
Baldur e sua irmã mais nova, Sophie, mostram sinais óbvios de negligência como resultado de condições de vida insatisfatórias e abuso, que são impossíveis de ignorar. Baldur exibe uma personalidade encantadora na superfície, mas também mostra sinais de obstinação e engano. O comportamento dos irmãos pode ser claramente rastreado para ser negligenciado devido ao alcoolismo de sua mãe, dificuldades de relacionamento contínuas e condições de vida inaceitáveis.

Para piorar as coisas, por volta do mesmo tempo, minha mãe tinha começado a beber de novo, e bebendo mais. Eu podia sempre sentir as pequenas mudanças nela. Até três dias antes de ela mesmo pegar a garrafa novamente, eu tinha começado a pedir-lhe para respirar no meu rosto, para que eu pudesse verificar se ela estava bêbada. Eu estava sempre estressado, constantemente analisando meu ambiente e seu comportamento. Ela ficou mais distante e distraída e também começou a agir de forma muito estranha.

Uma tarde, ela veio me pegar no carro, e eu notei que ela parecia tensa e agitada. Foi quando eu comecei a perceber, ela estava usando drogas também. Amfetaminas, eu tinha certeza. Com o tempo, as coisas pioraram, e comecei a encontrar seringa e pó branco em pequenos sacos nos bolsos dela. Eu me senti abandonado e derrotado, e eu só queria fugir e ensinar-lhe uma lição.

Então, minha mãe conheceu o Brian. Na reabilitação. Mais uma vez, outro homem que provou ser um modelo horrível. Ele se mudou e não fez absolutamente nenhuma tentativa de se conectar comigo, então, eu não me importava em falar com ele também.

Havia também apenas um quarto em nosso pequeno apartamento, então, gostando ou não, todos nós tivemos que compartilhá-lo - eu, a mãe, e o Brian. Eu me senti bem com este arranjo no início, porque eles me disseram que eles iam ficar sóbrios juntos, e eu realmente esperava que a mãe talvez finalmente fizesse isso, com a ajuda dele. Mas só se tornou um pesadelo para mim, pois de vez em quando, eu seria acordado no meio da noite por minha mãe e Brian fazendo sexo.

Podes imaginar algo mais excruciante para um adolescente? Muito em breve, eu tinha chegado no limite e perdi completamente a minha paciência! Eu sentava na minha cama, me vestia o mais barulhento possível e saia do apartamento. As primeiras vezes eles vieram atrás de mim, dramaticamente, mas eventualmente até isso parou. Uma noite, tendo-me despertado com eles outra vez, levantei-me e gritei furiosamente:

"Chega! Eu vou embora!"

A mãe disse. "Desculpa, Baldur! Querido, espera! Por favor, não faça isso!"

"Ugh, só deixe ele ir, meu bem," Brian falou da cama.

Espantado, corri para a garagem, e chorei. Senti-me completamente desamorado, e o meu estômago doía enquanto as minhas lágrimas encharcavam o meu rosto. Quando eu tinha terminado, eu peguei minhas coisas, voltei para dentro, e fui dormir.

Uma noite, porém, quando a mãe não estava em casa, eu estava sentado no salão com o meu primo Denni, quando o Brian entrou. Ele estava na porta olhando para nós, irritado, já tendo olhado para nós por bastante tempo, então finalmente perguntou se nós iríamos para a cama. Quando dissemos não, ele rolou os olhos, botou a mão no bolso e perguntou-nos se já havíamos fumado Haxixe.

"Um... sim," respondemos, sendo descolados.

"Bem, se você fuma, eu não ficarei incomodado, esperando você ir para a cama", ele disse. "Nós também podemos fazer isso juntos."

Ele então tirou um grama de "Afeganistão Negro", como ele o chamou. Ele acendeu o seu bong, e todos nós ficamos tão apedrejados que a noite terminou em enormes risos. Outra coisa mudou naquela noite também - o meu relacionamento com o Brian. Nós estávamos no mesmo nível, agora... ou assim eu pensei.

O Brian e a Mãe estavam sempre se separando e a voltando a estar juntos. Brian sofreu de depressão, então eu sempre fui cuidadoso para ser calmo sempre que eu viesse para casa da escola, porque ele costumava dormir no quarto. Ele tinha uma tendência a ter surtos de estresse se eu o incomodasse, então eu me acostumei a andar na ponta do pé em casa. A mãe tentou me defender, mas um dia ele surtou completamente. Eu acordei ele por engano e ele veio para a cozinha e começou a fumegar.

"Dane-se, eu odeio você!" ele cuspiu em nós. "Vocês são ambos perdedores miseráveis! Saiam daqui!"

Eu fiquei assustado, mesmo que a mãe estivesse comigo. Tudo parecia muito familiar.

Saímos da cozinha e, assim que chegamos ao corredor que levava à porta da frente, vi rapidamente a faca que ele tinha jogado em nós passando. Ele tinha acabado de errar o arremesso e a faca estava presa no vestuário na porta da frente. Corremos o mais rápido que pudemos, entramos no carro e fomos embora.

No dia seguinte, o Brian e a mãe me prometeram que parariam tudo e ficariam sóbrios, mas, como de costume, logo tudo caiu por terra e a mamãe acabou de volta ao hospital. Eu acabei voltando para o campo com a minha tia Sigga, mais uma vez. Mas desta vez não durou muito. Depois de alguns dias, Sigga me colocou sentado com uma expressão séria em seu rosto.

"Baldur, meu querido", disse ela. "Temo que eu tenha algumas más notícias."

"O que está errado?" Perguntei tão silenciosamente que mal se ouvia.

"Querido, sua mãe pulou pela janela do hospital psiquiátrico."

Olhei para ela em silêncio de incredulidade.

"E ela quebrou a coluna."

Eu engoli as lágrimas.

"Ela está no hospital", disse ela silenciosamente. "Espero que ela pare de beber agora."

Eu estava sem voz e podia sentir as lágrimas correndo pelo meu rosto. Sigga me envolveu em um abraço apertado e tentou consolar-me. Porque é que a minha mãe se jogaria pela janela? Por que ela não saiu pela porta? Ela seria capaz de andar de novo? Ela agora esta paralisada? Mais tarde, descobri que a mãe tinha sido declarada incompetente e admitida no departamento psiquiátrico por 48 horas, por abuso de substâncias. Ela disse-me que ela só tinha tentado escapar para ir em um bar beber e tinha subestimado a queda.

Eu estava ficando muito frustrado por ser transferido de um lugar par o outro, de modo que em fevereiro de 1991, aos 13 anos, eu deixei o campo, e eu voltei para ficar com minha tia Amelia. Duas famílias moravam em uma casa que só cabia uma, por isso era sempre movimentada com atividade, mas logo percebi que algo muito bizarro estava acontecendo na ali. Comecei a ouvir conversas estranhas entre minhas duas tias à noite. Aparentemente, minha avó falecida estava se "comunicando" através de uma delas. Eles transcreviam essas *mensagens misteriosas* e as escreviam, discutindo seus significados até tarde da noite. Algumas das coisas que me lembro de ouvir, foram que a avó tinha dito que já não tínhamos permissão para comer carne, que nos era proibido cortar o cabelo, e que também tínhamos de mudar os nossos nomes. Meus dois primos e eu fomos chamados de Fé, Amor e Esperança.

Disseram-me que eu era o Amor, um sábio reencarnado com um propósito extremamente importante na vida. Minha prima, Grace, filha de Amelia, também começou a se comportar de forma estranha; ela se retirou e começou a falar em enigmas. Eu não tinha ideia do que dizer ou fazer, então eu simplesmente segui com tudo.

Um dia, passeando com as minhas tias, a minha tia Amélia de repente declarou apaixonadamente: "Eu sou o lobo alfa!" Eu estava no banco de trás ouvindo e eu e de repente me lembrei de um filme que eu tinha visto recentemente, onde o lobo era uma espécie de Deus.

"Eu entendi!" Eu gritei com entusiasmo.

"Você entendeu o que, querido?" A tia Amelia perguntou.

"Você é Deus!" Eu exclamei orgulhosamente, "Se você é o lobo alfa, e o Lobo é Deus... então você é Deus!"

"Ele entendeu!" ela sussurrou conspiratoriamente para sua irmã no assento ao lado dela. "Baldur, querido, tens razão, mas nunca deves contar a ninguém!"

Então, ela olhou para mim, e começou a gritar como um lobo pela janela do carro.

Com o passar do tempo, a situação piorou, e nós juramos manter segredo em todos os tipos de coisas. Às vezes, sob o comando de Amelia, todos nós tivemos que correr para o carro e dirigir para que

"O Maligno" não nos pegasse. A tia Amelia explicou que havia uma guerra metafísica em curso, e esta guerra era geralmente conduzida à noite. Minha prima Grace foi encarregada da rota de fuga e teve que sentar no banco da frente e comandar o motorista. Grace estava claramente muito chateada e assustada. Fiquei aterrorizado quando vi o que ela passou tentando nos salvar dos demônios malignos que estavam tentando roubar nossos espíritos. Como a Amélia explicou, se o mal vencesse, todos nós estaríamos sem almas, apenas carcaças.

Uma manhã, quando acordei, notei que tudo estava estranhamente quieto na casa. Procurei por todo o lado e não encontrei ninguém. Eu comecei a me preocupar, então eu abri a porta da frente e saí para o deck. De repente, vi os carros passando rápido pela rua. Eles frearam os carros rapidamente, e Grace abriu a porta do carro e veio correndo para mim, braços estendidos, lágrimas fluindo em seu rosto.

"Lamento muito, Amor! Você está morto! Nos esquecemos de ti ontem à noite e a casa foi queimada até o chão. O teu espírito foi incinerado."

Eu estava na calçada com a minha roupa íntima e camisa, olhando para ela. Confuso. O que tinha acontecido? Como devia eu viver sem o meu espírito? Voltei-me e voltei para o meu quarto. Quem eu devia ser agora? Eu já não era o Amor.

O amor estava morto.

Gelo e Fogo

Relatório do Conselho de Serviços Sociais, Seal Bay, 15 de Junho de 1991:

"Baldur está morando com a irmã de Brenda, Amelia, que reside em Keflavik. O CPS (Serviço de Procuradoria da Coroa) deKeflavik recebeu um relatório de que as condições no lar eram extremamente instáveis, e a expulsão é iminente. A visita revelou uma situação extremamente bizarra dentro da casa. Amelia parece não ter mais uma mente saudável e há evidências de que ela está usando drogas. Brenda recuperou seu filho Baldur. Foi proposto que Baldur seja submetido a um teste de drogas, já que o rapaz também parece estar em estado peculiar."

8
ENSINO MÉDIO

Depois deste estranho afastamento da realidade, voltei à escola, mas ainda estava lutando com depressão e mal-estar. Eu não conseguia me concentrar em nada e descobri que meus pensamentos giravam muito frequentemente em torno da morte. Eu não tinha interesse na morte de outras pessoas, apenas a minha. Eu também constantemente pensei no meu primo, Aaron, e eu tanto desejava sentir essa forte amizade e união novamente. Eu desapareci dentro da minha mente, e a minha realidade parecia sombria e miserável.

Descobri que havia muitas maneiras de me livrar da constante ansiedade. Aquele líquido no saco de doces verde foi uma maneira que me levou para o esquecimento em questão de segundos. A minha mãe me pegou no ato, uma tarde, deitado na minha cama com o saco verde sobre o meu nariz e boca.

"O que é que você está fazendo?" ela gritou e me bateu com a parte de trás de sua mão. Olhei para os olhos dela, completamente vazio e quase inconsciente. Sentei-me imóvel enquanto ela arrastou a bolsa para longe de mim e saiu do quarto, perguntando a mim mesmo. "Ela esta me insultando?" Pensei, confuso com a minha mãe. Naquela noite, ela me ensinou com raiva sobre inalações. As pessoas foram deixadas em morte cerebral e enroladas em cadeiras de rodas. Eu tinha ouvido tudo isso antes na escola; táticas de medo ineficazes se me perguntassem. Eu não me importava de qualquer maneira.

As drogas não eram tão facilmente acessíveis naqueles dias como são agora, então eu tive que ser muito resiliente. Haxixe era o meu favorito - todas as minhas preocupações tornaram-se tão triviais que eu podia simplesmente rir delas. Eu tinha começado a usar muito cedo na vida, e desde o início, meu apetite por drogas era voracioso. Eu vi humor em tudo quando eu estava chapado, não importava como eu me sentia nos minutos anteriores. Ao mesmo tempo, o meu consumo de álcool aumentou, e eu me tornaria um hóspede frequente no escritório do diretor da escola devido a problemas de comportamento e insolência. Eu finalmente fui expulso da escola, mas de alguma forma inexplicável, no entanto, eu consegui fazer as pessoas ficarem do meu lado. Até a minha mãe! Eu geralmente conseguia sair de problemas, sem muito mais esforço do que apenas uma mentira e um sorriso.

Então, fui enviado para completar o décimo ano de um colégio em Akureyri, no norte da Islândia. Não perdi tempo a me meter em todos os tipos de problemas. De nenhuma forma eu iria deixar que alguém me controlasse, ainda mais alguns professores que estavam no topo da hierarquia, que não sabiam a primeira coisa sobre a vida real. Não era a vida em que eu estava, de qualquer forma. Eu não durei muito e logo fui expulso e enviado de volta para Reykjavík.

Voltei para Keflavik com a minha mãe. Não importava para onde fugíamos, os problemas pareciam nos encontrar. Ou talvez o trouxéssemos conosco. Nos fins de semana, eu ia para o trecho principal de Keflavik, com todos os seus bares. O meu hábito se intensificou e o meu repertório de drogas se expandiu. Eu também tive uma namorada chamada Annie. Eu tinha conhecido-a enquanto trabalhava na fábrica de peixe no verão. Ela era uma garota encantadora que era um ano mais velha do que eu. Annie e eu não estávamos juntos por muito tempo quando descobri que ela tinha traído-me. Eu senti o meu coração quebrar em um milhão de pedaços e a minha raiva derretia. Ela terminou o nosso relacionamento e começou um novo com o homem com quem tinha dormido. A rejeição consumiu-me e eu me bloqueei para todos. Minha mãe selou essa frase quando ela me contou que quando ela conheceu Annie, ela lhe disse que eu não era "Pessoa que se namora" de qualquer forma. Eu estava sem palavras.

Só agora, os meus amigos e eu bebíamos e usávamos anfetaminas todos os fins de semana. Nós também tínhamos recebido as nossas licenças de motorista e éramos especialistas em dirigir pela cidade como loucos. Corríamos, embriagados, na rua principal de Keflavik em uma noite de neve, ouvimos uma súbita voz e vi um pedestre voando sobre o capô do carro.

"Caramba, mano! Você bateu em alguém!" Eu gritei, assustado. Meu amigo, Ivan, pisou fundo, saindo com os pneus gritando, e acabamos presos em um pavimento, tendo batido em uma cerca.

"Entre no assento do passageiro! Rápido!" Eu gritei. Ele estava muito bêbado para fazer correr para isso. Em pânico, eu passei para o lado do volante, tirei o carro da calçada, e sai correndo. Eu dirigi para a cidade, e nós desaparecemos na casa de um amigo para evitar a prisão. Uma vez que estávamos livres, todos nós começamos a rir. Nada mudou depois disso, embora continuássemos a queimar a vela em ambas as extremidades. Sempre que eu estava bêbado ou chamado no caminho de casa de uma festa em algum lugar, os policiais quase sempre me paravam. Eu estava finalmente começando a viver a minha vida, a minha maneira, mas eles sempre estavam lá.

Assim como os meus sentimentos estúpidos, aproveitando todas as oportunidades que puderam para me sufocar e controlar.

9
ENCARANDO CAIXÕES

Em uma mudança significativa do destino, quando eu tinha 17 anos, meus avós (a mãe e o pai do Rikki) me convidaram para ir para o exterior com eles.

"Para onde vocês vão?" Perguntei, curioso e entusiasmado. Eu nunca tinha deixado a Islândia antes.

"Primeiro para a Noruega, na balsa", disse a minha avó, "então iremos para a Dinamarca para visitar a tia Anna."

Anna era irmã gêmea de Rikki e ambos viviam na Dinamarca na época. Pensei nisso por um milésimo de segundo, depois disse: "Sim! Por que não?" Não havia nada de bom acontecendo para mim aqui em casa. Eu não importava, de qualquer forma. Eu era a Ovelha Negra. Além disso, eu sempre sonhei em ir a Christiania, uma centro para a cultura do Haxixe em Copenhagen, na qual, neste ponto eu estava profundamente imerso.

A nossa viagem começou bem, mas os meus hábitos não mudaram. Mesmo na balsa, eu passei quase todas as noites sendo esmagado no bar do barco.

"Por que você não só desce e dorme, querido?" A minha avó me encorajaria. Minha avó realmente se importava comigo. Ela sempre teve tanta habilidade para me convencer a fazer coisa certa. O nosso curto tempo na Dinamarca foi bom, mas alguns dias antes de chegar a hora de voltar para casa para a Islândia, os meus avós se aproximaram de mim, perguntando se eu queria ficar na Dinâmica.

"Anna encontrou um emprego para você!" ela sorriu. "Você poderia viver aqui, com eles, enquanto você se levanta na vida novamente."

Ah... então havia uma razão por trás da viagem, afinal de contas! Eles estavam tentando me proteger. O meu avô tinha obviamente ouvido falar da minha corrida com os policiais de volta para casa. Ele era um tenente de polícia, afinal de contas.

Então, comecei a trabalhar com a Anna em Slagelse, uma cidade de pouco mais de 40.000 pessoas, na ilha da Zelândia. O que eles esqueceram de me dizer, foi que o trabalho era fazer caixões! Eu tive que rir, isso não é um primeiro emprego normal!

O marido de Anna, Matthew, foi muito apoiador e gentil, e até me levou ao clube de boxe da cidade. Fiquei entusiasmado! Agora eu podia finalmente começar a praticar o esporte que eu só tinha lido sobre em livros. Eu adorava treinar e aprender as técnicas, e eu praticava duro. Não havia nada melhor do que me livrar de toda a minha agressão no ringue de boxe depois do trabalho.

No início, eu morava com a Anna e o Matthew. Eles eram bons para mim, mas eles eram conservadores, então eu tive que esconder meus vícios deles. Eu dependia de narcóticos para apaziguar a depressão que tinha começado de novo após a minha mudança para a Dinamarca. A notícia de que havia acontecido um culto memorial para o meu primo Aaron, na Islândia, não ajudou nada. Na verdade, atingiu-me com toda a força e a constante dor no meu coração e pesado nó no meu estômago tornou-se quase insuportável. Eu não tinha sido autorizado a tomar parte na busca por Aaron e Júlio, e agora eu estava preso na Dinamarca e nem sequer pôde comparecer ao seu memorial.

Mais uma vez, eu sentia o quão fora do meu lugar eu estava, eu claramente não pertencia à minha família, ou em qualquer outro lugar. Acima de tudo, eu tinha ouvido a notícia de que minha mãe estava bêbada em algum lugar, novamente.

O meu desejo pela vida silenciosamente diminuiu, e o único recurso que pude encontrar foi simplesmente me desligar. Já não valia mais a pena viver, de qualquer forma, e para piorar as coisas, eu era apenas um fardo para todos, não importa onde eu fosse. Seria um alívio para todos se eu saísse.

Eu escrevi uma nota suicida para a minha família, principalmente falando sobre arranjos e como eu queria que eles tocassem a "Redemption Song" do Bob Marley no meu funeral. Escrevi um breve adeus para a minha mãe, explicando a minha decisão de acabar com a minha vida. Eu estava sentado, chorando enquanto escrevia, mas me senti aliviado quando eu tinha terminado. Na minha mente eu me vi pendurado nos estaleiros. Me levantei, inspeccionei a viga do teto que atravessava a sala, e deslizei uma cadeira debaixo dela. Peguei o meu cinto de couro e puxei-o com todas as minhas forças para ter a certeza de que ele poderia segurar o meu peso.

Eu fiquei de pé na cadeira, puxei o cinto ao redor da viga do teto, e coloquei a minha cabeça no buraco que ele formou. Eu hesitei de pé na cadeira por um pouco, fechei os olhos, depois desci cuidadosamente dela.

Eu me enforquei. Eu tinha 17.

Lembro-me de sentir a pele dura apertando em torno da minha garganta antes de tudo ficar preto. Perdi a consciência. Eu tinha mantido a cadeira perto, perto o suficiente que eu poderia facilmente ter alcançado e agarrado com meus pés, mas eu não tinha nenhum desejo de parar o que eu tinha começado. Tudo o que eu queria era dormir para sempre.

A próxima coisa que eu sabia, eu estava acordado e deitado no chão. Eu não sabia se era o impacto da queda que me trouxe de volta, mas eu só estava sentado lá atormentado. Eu era mesmo incapaz de ganhar de mim mesmo. Quão grande perdedor eu poderia ser?

Eu vi a cinta deitada no chão ao meu lado e dei uma olhada mais de perto. Havia um corte reto ao longo do couro espesso. Completamente linear e nítido, como se eu tivesse sido cortado. De repente, percebi que talvez Anna ou Matthew me tinham encontrado e me cortado. Tremendo, saí para o corredor e desci para baixo. Ninguém estava em casa. Eu olhei ao redor da sala, e no cinto novamente para ver se eu estava deixando algo de lado. Era impossível. Alguém teve que entrar.

Eu fiquei abalado e mudado para sempre. Talvez alguém, ou algo, estivesse a olhar para mim. Talvez a minha vida tivesse um propósito.

Então, eu segui.

Eu decidi aprender a falar dinamarquês, e foi rápido para pegá-lo, e fluente em pouco mais de três meses. Eu fiz o esforço para conhecer Sebastian, meu empregador, e o dono da fabrica de caixões. Eu costumava dar voltas com ele depois do trabalho, entregando caixões. Paramos nas lojas ao longo do caminho, e ele comprou-nos cerveja 'Fernet Branca' e 'Tuborg Gold', e nós bebiamos juntos todos os dias. Sebastian morava sozinho em uma casa em frente à oficina, e como estávamos passando tanto tempo juntos depois de horas, entregando nossos produtos por toda a Dinamarca, ele me convidou para se mudar com ele. Então, eu me mudei da casa da Anna para a dele. Era confortável, e um pouco de alívio, porque eu já não teria que manter a cara de sobriedade todos os dias.

Em troca de sua hospitalidade, ele me disse que tudo o que eu tinha a fazer era certificar-me de que o seu porão de vinho estava cheio. Troca justa eu pensei! Eu levei o cartão dele para a loja de vinhos em Slagelse e mantive-o bem armazenado em todos os momentos. Eu estava muito interessado em aprender sobre negócios, então eu perguntei a ele, "Como é que você cresceu tanto este negócio de caixão?"

Ele disse-me que seu único concorrente na cidade tinha vendido um caixão a uma família, e o fundo tinha quebrado. Ele caiu quando estava sendo carregado, arremessando o corpo, rolando no chão, na frente de todas as pessoas em luto. Inevitavelmente a reputação do negócio, despencou radicalmente. Embora eu aparentemente achei o incidente horrível, havia algo tão ridiculamente engraçado sobre ele, que nós dois rimos sem controle. Então rimos mais um pouco.

Eu continuei para permanecer positivo. Sebastian emprestou-me a sua van de entrega para que eu pudesse ir para o treino de boxe, que eu amava. Gradualmente, depois de aprender a boxear, minhas reações exageradas às altercações mudaram. Eu estava aprendendo a lutar como um verdadeiro lutador, sem ficar vermelho ou perder o meu autocontrole. Eu gostei da minha vida social, e adorei a cultura da cerveja na Dinamarca, e certamente não fiquei chateado de que era fácil obter drogas, que eram de uma qualidade muito maior do que as que chegaram na Islândia.

Mas eu ainda estava deprimido.

Eu estava sozinho.

À medida que os dias se transformaram em meses, desenvolvi o hábito de ficar em pé na oficina e olhar para os caixões. Eu imaginei-me deitado dentro deles e senti uma estranha sensação de alívio. Eu não encontrei os meus pensamentos macabros, mas sim tranquilizantes. Era como se eu pudesse ouvir o sussurro horrível da morte enquanto eu estava lá, os caixões olhando de volta para mim.

Eu estive próximo uma noite depois de algumas horas bebendo com Sebastian e a mulher da limpeza que trabalhava para ele. Ela precisava deixar o carro em casa então, embriagado, eu fui atrás dela, para levá-la de volta para a festa. Enquanto atravessávamos uma ponte, senti um impacto repentino... ela bateu na traseira do meu carro, me colocando no acostamento da ponte. O impacto deslocou um grande pedaço afiado de ferro que veio voando para o lado do meu carro, onde ele ficou preso. Quando pensei mais tarde sobre este incidente, percebi que se eu tivesse atingido o poste uma fração de segundo mais cedo, o fio de ferro certamente teria penetrado meu abdômen. Eu sofri um golpe pesado no peito que fez com que fosse difícil respirar, e senti uma forte dor nas costelas. Eu consegui deslizar por debaixo do cinto de segurança, com dificuldade, e subi do carro esmagado. A mulher da limpeza sentou-se no seu carro, olhando para o nada, em choque.

A polícia chegou rapidamente ao local e levou-me para o carro para interrogatório. Eles me deram um balão e me disseram para soprar nele. Eu tentei, mas a dor nas costelas me tornou muito difícil.

"Sopre bem, islandês!" um dos policiais murmurou. Eles passaram comentários insultantes em dinamarquês e continuaram me atacando até que eu pudesse passar pela dor e preencher o balão suficientemente. Obviamente embriagados, nós dois fomos levados para a estação para exames de sangue.

Fiquei profundamente envergonhado quando Sebastian descobriu.

"Você vai perder a sua carta de condução, menino," ele disse. "E você terá que pagar pelo carro porque o seguro não vai cobrir isso." Mas ele era gentil e não parecia levar isso muito a sério. Tinha uma van nova na garagem alguns dias depois, e ele parou de falar sobre isso.

Fui convocado para a delegacia, meio cabisbaixo, apenas para ser informado de que minha licença tinha sido realmente revogada e eu teria que pagar um mês de salário em multas por dirigir sob a influência. A minha concentração de álcool no sangue foi de 0,125.

"Quem vai ser o culpado pelo acidente?" Eu perguntei.

"Você não. Ela bateu em você, não o contrario. Além disso, o álcool no sangue dela era 0,185. Mais alto do que o seu."

Respirei um suspiro profundo de alívio. Eu me senti horrível por ela, mas por uma vez, eu não era o principal culpado.

E eu tinha escapado da morte. Mais uma vez.

Não foi o meu único acidente. Isto iria acontecer comigo outra vez, com um amigo na Islândia, Johan, que era tão louco quanto eu naquela época. Uma tarde, ele e eu estávamos a caminho de Reykjavík para pegar drogas. Ele dirigiu seu Honda velho como um louco, como de costume, indo bem mais de cem, no trânsito. Enquanto passávamos por uma linha inteira de carros, um Ford Econoline apareceu de repente, dobrando em nossa direção.

"Mais devagar, cara!" Eu gritei. "Não há maneira de conseguirmos!"

Mas Johan fez o contrário e acelerou, olhando para a frente, frio como gelo. Meu corpo inteiro endureceu. Estava certo de que estávamos prestes a colidir com o veículo maior acelerando na nossa direção. Eu prendi a respiração e fechei os olhos, e a primeira coisa que me veio à mente foi a oração que Ed me ensinou. Quando ouvi um barulho alto, eu sabia que estava tudo acabado, e nós estávamos atingindo o Ford. Meu corpo ficou more e eu não conseguia mover nem um dedo.

Mas quando abri os olhos, percebi que de alguma forma, inexplicavelmente, conseguimos. Nós escapámos completamente sem danos! Mais uma vez, tive a estranha sensação de que alguém estava olhando para mim.

Para um rapaz que gastava seu tempo fazendo caixões, foi um milagre absoluto que eu não acabei em um.

10

O MOMENTO DA LÂMPADA

Pouco depois de chegar à Dinamarca, enquanto vivia com Sebastian, fiz um novo amigo, Karsten. Ele era da mesma idade que eu, e tão apaixonado pelo nosso hábito mútuo de drogas. Karsten e eu muitas vezes fizemos a viagem de uma hora para Copenhagen para pegar Haxixe decente em Christiania. Foi fantástico! Senti-me como se tivesse morrido e ido para o céu. Comprámos todo o hash que precisávamos em Christiania, e depois fomos para o centro da cidade de Copenhagen para festejar nos nossos dias longe. Nossa única responsabilidade... garantir que pegamos o último trem para casa.

Depois de pouco tempo, decidimos viver juntos, e encontramos um apartamento diretamente acima da estação de trens. Não precisamos mais esconder o nosso hábito secreto, podíamos festejar sem parar. Eu já tinha começado a desenvolver uma reputação nos bares ao redor da Dinamarca de provocar problemas, e eu comecei a perceber que as pessoas estavam me evitando nas ruas. Eu estava entusiasmado! Eu era, finalmente, o "malvadão" intacto que eu sempre quis ser, e eu não dei a ninguém qualquer alivio, até quanto tentavam só brincar comigo. Eu finalmente era um homem adulto.

Uma noite eu estava fora da cidade junto com outro tipo islandês que eu tinha conhecido, chamado Gunni. Enquanto caminhávamos pela rua, cuidando das nossas próprias vidas, três rapazes se dirigiram ameaçadoramente para nós, claramente para começar uma briga. Pararam em frente a nós.

Sabendo o que estava prestes a acontecer, eu murmurei para Gunni, "Você toma o da esquerda, eu vou tomar os outros dois."

Não houve resposta. O Gunni ja tinha corrido.

Os três homens sorriram para mim e se aproximaram.

"Eu só terei que levar todos os três de vocês então!" Eu disse em dinamarquês e apontei com os punhos.

Todos os três vieram a mim de uma vez, mas com um golpe de sorte, eu consegui enviar um para o chão instantaneamente com um jab direto para a mandíbula. Crack! Um dos outros me atacaram ameaçadoramente e me chutou nas pernas. Eu dei um passo para trás e joguei o outro no chão para se juntar ao seu amigo. Eles continuaram, mas no momento em que eu tinha terminado, todos os três deles estavam na horizontal.

Eu frequentemente estive em situações como esta, e no fim de semana seguinte, eu até quebrei a minha mão enquanto batia em alguém. O osso estava tão danificado que eu mal conseguia reparar na forma do meu punho quando eu reparei no dia seguinte. Eu me apressei para o hospital, e os médicos me disseram que queriam inserir um ferro na minha mão para ajudar a reconstituir os ossos quebrados. Eu recusei polidamente, dizendo: "Não é como se eu estivesse prestes a começar a tocar piano ou qualquer coisa assim." Mas eu consegui convencer o médico a me prescrever alguns remédios fortes sob o pretexto da gestão da dor e não perdi tempo em abrir as cápsulas e esvaziar seu conteúdo em minha cerveja, para que eles começassem a funcionar instantaneamente. Como sempre, eu precisava do buzz.

Os tempos podem ser difíceis, mas eu estava realmente começando a desfrutar da minha vida e trabalho na Dinamarca. Mais tarde naquele verão, fui de férias para a Islândia. No voo para casa, comecei a sentir-me doente, e no momento em que cheguei em casa, percebi que estava realmente com crise de abstinência dos analgésicos, então bebi álcool para ajudar a aliviar os sintomas. Eu fiquei em Keflavik e como a mãe estava em uma casa de passagem na época, eu usei todas as oportunidades disponíveis para ficar chapado.

Alguns dias depois de chegar em casa, recebi uma chamada telefônica difícil.

"Você precisa chegar aqui imediatamente, Baldur. O seu pai sofreu um derrame."

Meu pai de nascimento tinha sido transportado pela equipe medica do barco em que ele trabalhava, para a unidade de cuidados intensivos no Hospital Nacional da Universidade. Mesmo que meu pai e eu raramente nos encontrássemos e mal tivéssemos um relacionamento, eu ainda estava muito chocado e preocupado. Eu corri para o hospital e conheci a família do meu pai adequadamente pela primeira vez, todos reunidos na sala de espera. Eu conhecia quase todos eles apenas pelo nome, exceto pela esposa do meu pai,

Gloria. Eu tinha uma vez morado com ela depois de uma das minhas muitas expulsões da escola.

Pouco tempo depois, o médico veio nos encontrar. Pela sua expressão, era grave.

"O procedimento que ele está prestes a passar é muito arriscado, não sabemos se ele vai sobreviver."

Eu senti o meu estômago apertado em um nó. Por que isso me afetou tanto? Eu mal o conhecia.

"Ele é um lutador", comentou alguém. "Se tem alguém pode sobreviver a isto, é ele!"

Eu não conseguia dormir naquela noite. Eu esperava e orava a Deus que ele se recuperasse. Felizmente o procedimento correu bem e surpreendentemente o pai sobreviveu à cirurgia. Infelizmente, no entanto, ele nunca foi o mesmo depois. Eu disse adeus à família do meu pai, e eles prometeram manter-me atualizado sobre o seu progresso.

Decidi ficar na Islândia. Eu não podia pensar em voltar à minha vida na Dinamarca enquanto a situação em casa era tão terrível. A minha mãe em uma casa a meio caminho e pai doente no hospital. Depois que ele foi transferido para uma unidade de recuperação, eu ia visitá-lo. Eu tentei falar com ele, mas ele permaneceu em silêncio, e recebi respostas limitadas em troca. Foi difícil e desconfortável. Gostaria de ter visitado mais e tentado mais, mas acabei não fazendo.

Gelo e Fogo

As coisas pioraram para mim depois disso. Eu festejava bastante e perdi o controle tentando amortecer a dor. Eu tomei mais drogas e bebi mais e mais bebidas. Algo dentro de mim bateu, e em uma noite terrível, decidi mais uma vez que era hora de sair. Eu acabei no hospital, tendo o estômago lavado depois de uma overdose. Eu estava miserável e com muita dor.

Relatório médico, Hospital Universitário, 17 de Junho de 1997:

18 anos de idade Baldur ingerido Nobligan 10-20 peças, Panakod 20 peças, Parkódín forte 2 peças, panodil 30-50 peças, Voltaren Rapid 30 peças, e meio litro de moonshine. Ele tem estado sob muita tensão ultimamente; o pai recentemente foi diagnosticado com um derrame, a mãe esteve em uma casa de passagem e recaiu ontem à noite. Baldur encontrou sua mãe embriagada em um clube noturno, ficou muito angustiado e voltou para a casa da irmã de sua mãe Sua tia encontrou-o pouco depois de ter tomado o medicamento e levou-o ao Hospital Keflavík, onde seu estômago foi lavado, e ele foi tratado com carvão vegetal. Ele voltou recentemente da Dinamarca, onde estava usando anfetaminas e Haxixe diariamente.

Então, a vergonha reapareceu. Agora todo mundo sabia que eu queria morrer. Por que eu não podia simplesmente morrer? A minha mãe ficou devastada e tentou falar comigo para ir para a reabilitação ou para me inscrever no centro psiquiátrico. Eu tive muitos visitantes porque ela tinha chamado todos que conhecemos, e pediu para eles darem uma passadinha, provavelmente para provar a mim que eu tinha pessoas que se importam. Me sentei ali envergonhado e me sentindo pequeno. Meu tio Eli veio me visitar uma tarde, e ao contrário de todos os outros, ele simplesmente me castigou:

"O que você estava pensando, fazendo isso para as pessoas que se importam com você? Você não pode se permitir agir desta forma, Baldur!"

Por mais desconfortável que fosse ouvir suas palavras, elas foram as que mais me afetaram.

Um dia, enquanto ainda estava em recuperação no hospital, cheguei ao bolso da minha jaqueta. Um artista amigo meu, Christian, tinha me visitado alguns dias antes e escreveu uma oração em um pedaço de papel para mim. Eu estava tão desesperado para ficar entorpecido novamente que eu até pensei em simplesmente desistir e cair do vagão intencionalmente. Pensei em falsificar espasmos ou uma convulsão para que as enfermeiras me desse mais uma doze de remédios. Olhei para o pequeno pedaço de papel dobrado e caminhei para a capela do hospital. Eu pensei que se Deus estivesse em qualquer lugar, Ele estaria lá. Eu ajoelhei-me em frente ao altar. Eu não tinha nenhuma fé que esta oração poderia me salvar, mas como eu tinha quase nenhuma esperança de qualquer forma, eu pensei que eu poderia apenas tentar.

Eu ajoelhei-me em frente ao altar e comecei a ler a oração quando um tremendo sopro de ar frio pegou na minha coluna.

Senti-me estranhamente vivo. Eu continuava a ler.

Isso poderia realmente estar funcionando?

"Você está apenas em abstinência," meu crítico interno analítico respondeu.

Eu abaixei a cabeça, e naquele mesmo segundo, a eletricidade no edifício se apagou, e a lâmpada pendurada acima da minha cabeça explodiu com um barulho forte! Levantei-me em choque, e imediatamente saí completamente arrepiado. Apesar da escuridão dentro da capela, senti um poder imenso, uma luz quase tangível dentro de mim. e uma vibração tão intensa que esqueci todo o tempo e todo o lugar.

"O que você está fazendo aqui?" Ouvi uma voz.

O zelador veio correndo para a capela.

"Orando", disse eu, sem fôlego.

"O que aconteceu com a lâmpada?"

"Não sei. Ele acabou de explodir."

Eu estava tremendo quando a eletricidade de repente voltou a ligar. O zelador olhou-me estranhamente por um momento, depois começou a limpar.

Eu passei por ele em silêncio e voltei para o meu quarto.

Sentei-me na cama e olhei para a minha frente. Uma intensa sensação de bem-estar me cobriu. Estava exausto e queria dormir, mas a força inexplicável e infecciosa que me tinha preenchido me manteve acordado, quente, cheio de alegria. A minha ansiedade simplesmente desapareceu. O que mais me surpreendeu foi a facilidade com que isso tinha acontecido. Parecia tão simples. Eu tinha orado uma única oração com pouquíssima fé, e era como se uma luz tivesse sido ligada dentro de mim, enquanto outra tinha explodido no exterior. Não exigiu nenhum esforço, apenas uma oração. Fiquei chocado! Algo dentro de mim tinha mudado.

Depois da estadia no hospital, fui para uma outra instalação de reabilitação onde fiz um novo amigo interessante, Alfie, também um viciado em recuperação. Nos demos muito bem, e tivemos muitos dos mesmos interesses, incluindo a minha nova fascinação pela oração. Falávamos por horas cada vez e a minha fé estava crescendo. Nós finalmente decidimos gastar nossa energia combinada em começar uma instituição de caridade para ajudar os outros. Nós chamaríamos de "Buraco da agulha". Nosso plano era começar uma missão e levar as Bíblias para o Vietnã. Eu também comecei a frequentar os cultos de adoração na igreja regularmente e me encontrei dançando na primeira fila e cantando o meu coração. Sempre gostei de cantar.

No entanto, por trás de tudo isso, eu ainda estava lutando comigo mesmo. Os meus vícios, os meus desejos e pensamentos, os meu problemas de auto-estima, a minha família. Meu medo de ser rejeitado por outros, especialmente as pessoas piedosas que compareciam ao culto, que também estavam muito avivadas e bem. Todos os outros na igreja pareciam tão perfeitos, eu estava certo de que eu era o único lá que lutava com vícios e demônios. Eu não podia imaginar que algum deles experimentava os pensamentos profanos que eu tinha.

Eu olhava ao meu redor, e muitas vezes testemunhava pessoas explodindo em lágrimas espontâneas sempre que experimentavam a presença de Deus. Eu percebi então que tinha sido um ano desde que eu tinha chorado pela última vez, eu estava completamente congelado dentro. Eu também queria chorar, então depois de uma reunião um dia, eu me sentei nas escadas que levam até o altar e decidi orar a Jesus. Para me ajudar a chorar. Fechei os olhos e vi uma imagem de Jesus. Senti vergonha. Olhei para baixo nos seus pés e me encontrei a alcançando eles. Eu não ousava olhar para cima, eu me senti tão indigno.

Então, lágrimas começaram a fluir para baixo das minhas bochechas e para o chão. Eu só chorei. Eu chorei tanto, que tive dificuldade em parar. Eu não sei quanto tempo eu estava sentado lá, mas gratidão se espalhou por todo o meu corpo enquanto eu removia todas as minhas defesas, e meu sentimento feroz de inutilidade desapareceu. Lá nas escadas.

Finalmente encontrei algo que valia a pena lutar.

Eu comecei a trabalhar como mentor no verão de 1998, quando eu tinha 19 anos, e nós andávamos avisando jovens crianças sobre o vício, e os perigos das drogas. Eu trabalhei com Peter, um rapaz de 16 anos que eu conheci em reabilitação, e nós prestávamos contas um ao outro quanto a nossa sobriedade. A melhor parte foi que tínhamos um *propósito*! Outros poderiam aprender com os nossos erros, e ninguém teve que sofrer como nós. Adorei. Eu também, felizmente, comecei a sentir algumas boas consequências da minha nova fé em casa com a minha família. Especialmente no meu relacionamento com a minha irmã mais nova, Hanna.

Hanna (filha de mãe e Brian) foi o herói da nossa família. Ela era uma brilhante jogadora de futebol, destinada a grandes coisas a nível nacional. A pequena Hanna era uma contradição engraçada em muitos sentidos. Por um lado, ela era dura como garras, que ela mostrava claramente no campo de futebol. Ela era uma defensora intensa, ninguém poderia passar se Hanna estivesse na frente deles! Mas ela também era muito suave e gentil. Sempre muito calorosa e carinhosa para todos, Hanna tinha um lugar especial para mim, seu irmão mais velho. A rocha dela. Olhando para trás em fotos dela quando ela estava se destacando como um jogadora de futebol em seus anos de infância, eu notei que ela estava muitas vezes segurando em seu urso de teddy, seu 'urso da sorte' que ela levava para seus jogos. Uma defensora dura e tenaz no campo de futebol, uma criança doce e amorosa fora dele.

Enquanto eu trabalhava em aconselhamento de jovens, Hanna muitas vezes vinha até mim e me pedia para orar por ela. Ela experimentou lesões na perna no jogando futebol. Ela tinha tanta fé em mim. Ela fechava conscientemente os olhos, segurava as minhas mãos e olhava para mim com admiração. Ela sempre se sentia "muito melhor" depois de cada oração.

Eu estava ajudando as pessoas que eu amava. As coisas estavam finalmente indo bem. Alfie, meu parceiro de caridade, e eu ainda estávamos planejando nossa excitante viagem ao Vietnã. Mal pudia esperar! A pura expectativa me mantinha motivado. Tínhamos os nossos passaportes prontos, e tínhamos comprado várias centenas de Bíblias para entregar quando chegarmos lá.

Uma noite, eu estava na casa de Alfie, e eu senti instantaneamente uma mudança. Ele estava evitando perguntas e ele simplesmente não parecia ser ele mesmo. Assim que eu ouvi o rumor de um pote de pílulas, eu imediatamente sabia o que estava acontecendo. Afinal, a minha infância me deu um mestrado em ver através dos viciados. Ele tinha recaído. Ele saiu do quarto e foi para o banheiro, e eu decidi olhar para os bolsos dele. Claro, havia vários potes cheios de diazepam.

"Eu vi as pílulas no seu bolso, Alf," eu o confrontei.

"Estou apenas a levá-los por ansiedade", disse ele de uma forma apaixonante.

Estava no fim, e sai da casa dele completamente arruinado. Ele era apenas um lixo, tentando enganar-se. A viagem foi cancelada e o nosso sonho de um ano de pregar no Vietnã acabou. Meu amigo e confidente tinha recaído, e eu estava sozinho mais uma vez.

Parecia que não havia nada no horizonte. Eu tentei manter a fé e mantive o meu trabalho de aconselhamento, até que um dia, quando eu tinha ido à igreja por cerca de um ano, uma das mulheres mais velhas que trabalhavam na igreja se aproximou de mim.

"Baldur, é hora de você fazer algumas mudanças, para que você possa ser santificado."

"O que isso significa?" Perguntei com curiosidade.

"Você precisa começar a vir à igreja com um traje."

"Ok, mas eu gosto de vir com roupas leves para que eu possa dançar."

"Baldur, você tem que fazer isso!"

Senti-me frustrado, mais uma vez. "Você tem a certeza que Deus se importa com o que eu uso?"

"Sim," ela disse enfaticamente, "Deus quer que você use um traje!"

Ela olhou nos meus olhos, e a velha nuvem familiar de rejeição bloqueou todos os raios de luz que eu estava segurando. Escondendo os meus sentimentos, de ser um inútil que não faz nada certo de novo, eu sorri para ela, disse adeus...e deixei a igreja.

Eu não era bom o suficiente. Eu não me encaixava.

Eu só não usava a roupa certa.

11
PASSANDO A LINHA

Pouco depois de sair da igreja, quando ainda estava sóbrio, conheci uma menina chamada Andrea. Eu me apaixonei por ela completamente. Andrea era muito popular com os rapazes, então eu me senti muito especial quando começamos a namorar. Ela tinha me escolhido. Nós estávamos profundamente apaixonados, e eu fui morar com ela logo no começo, mas viver juntos não foi muito como planejado. Eu era jovem e inseguro e, por causa disso, me tornei extremamente controlador. Controlando a cozinha, a casa, onde ela ia, a atenção que ela dava aos outros rapazes. Eu era totalmente incapaz de ser amado... por que alguém queria ficar comigo? Eu sabia que estava errando, e meu relacionamento especial estava pendurado por um fio.

Depois veio a bomba. Andrea estava grávida.

"Quero um aborto."

Lá estava de novo, aquele velho sentimento familiar. Rejeição. Ela estava a rejeitar o meu filho, uma parte de mim. Eu sabia que não era bom o suficiente para ela.

Eu tive uma recaída e comecei a tomar remédios novamente, de fininho e escondendo tudo dela. Em vez de tentar salvar o relacionamento ou lutar pela pequena vida crescente dentro de Andrea, que eu queria salvar, optei pela minha fuga mais familiar, as drogas. Andrea pediu-me para ir com ela ao hospital para o aborto. Sentei-me com ela, observando, enquanto eles fizeram uma varredura, sentindo-me inútil e envergonhado. Afinal, foi culpa minha.

O exame revelou uma gravidez ectópica. "Teria que ter sido encerrada de qualquer forma", disse Andrea, dormente. Eu segurei a mão dela, enquanto ela se deitava fraca na cama do hospital. Eu tentei fazer o certo, tentei mostrar-lhe o apoio que ela merece, mas a minha mente estava a um milhão de quilômetros de distância... obcecada com as drogas escondidas no meu bolso.

"Onde está o banheiro?" Perguntei à enfermeira.

Assim que eu cheguei lá, eu fechei a porta, e com as mãos agitando, tirei o pequeno saco do meu bolso. Eu apressadamente usei, certificando-me de que a torneira estava a correr em alto volume, para que ninguém pudesse ouvir-me roncar. Eu ainda não estava satisfeito. Eu olhei no espelho:

"Olhe para você, consumindo em um papel de banheiro público, enquanto sua namorada está deitada lá, depois de perder seu bebê."

Tirei o pacote outra vez e usei mais. Meus cabelos estavam de pé conforme o efeito bateu e electrificou todo o meu corpo. Finalmente, minhas dores irritantes de consciência desapareceram, e eu voltei para o quarto, para Andrea. Sentei-me ao lado dela, e as minhas palmas imediatamente brotaram em um suor frio à medida que a intoxicação atingiu o seu pico. Eu tive cuidado para não a tocar ou segurar a mão, para que ela não suspeitasse de nada. Ela olhou para mim, intenso sofrimento emocional em seus olhos, e eu não senti nada.

Nada além do efeito das drogas.

Quando eu disse adeus a ela no hospital, no fundo eu sabia que era a última vez. Eu não tinha espaço para nada e ninguém mais na minha vida. Eu fechei aquela pequena caixa triste e joguei fora a chave.

Eu já tinha tentado o programa dos doze passos da AA, mas ainda estava desesperado para encontrar uma saída para a confusão em que estava, então decidi dar-lhe mais uma falha tentativa. Eu não conseguia lidar com estar sóbrio o suficiente para até mesmo uma reunião, então eu fui cheio de drogas e perdi quase tudo o que estava sendo dito. Chapado, eu fui até a tribuna na frente da sala e falei com o grupo sobre como eu usei enquanto eu estava no hospital com Andrea, como eu me senti perdido, e como eu tinha perdido toda a fé em mim mesmo. Um homem chamado Palmar, um bem respeitado, sóbrio a bastante tempo com os doze passos, subiu ao palco assim que eu tinha terminado, e me repreendeu.

"Você não deve estar falando sobre usar quando você tem a palavra, filho." Ele me envergonhou com um olhar de acusação. Sentei-me ali, em silêncio, me sentindo doente no meu estômago, desejando que a terra se abrisse e me engolisse inteiro. Nada estava a funcionar. A Igreja não tinha funcionado, eu claramente não pertencia ao programa dos doze passos. Este idiota pomposo não sabia nada! Havia claramente apenas uma solução... eu me jogar completamente no meu hábito.

Levantei-me e fui embora.

Eu entrei no meu carro e fui direto para o velho amigo e revendedor da minha mãe, George. Eu sabia que ele iria me aceitar, e eu poderia conseguir uma solução em paz, sem qualquer arrogante 'sabe tudo' se metendo em meus assuntos pessoais.

Depois de alguns dias lá, eu estava em forma terrível, então pedi a George para me trazer um par de folhas de Mogadon, uma benzodiazepina forte, que ele fez. A escuridão estava me sufocando novamente, e embora houvesse uma abertura para mim em um centro de reabilitação depois de alguns dias, eu não vi nenhum sentido em ir. Tudo o que eu podia pensar era adormecer suavemente, e não acordar de novo.

Eu não conseguia ficar sóbrio, não conseguia fazer um relacionamento funcionar e ninguém me amava. Simples. Então fui para casa e tomei os comprimidos que ele me deu. Mamãe estava em algum lugar, provavelmente ficando bêbada, então eu tinha paz e sossego. Só havia uma escolha certa, para o meu próprio bem e para o bem de todos.

"Acorde, Baldur!" Eu ouvi a voz distante de mamãe. Ela estava me sacudindo com força e me dando tapinhas repetidamente na bochecha. Ela chegou em casa e encontrou a embalagem do comprimido no chão e eu deitado inconsciente na cama. Acordei por alguns minutos, mas ainda estava semiconsciente quando ela me levou para a UTI do centro médico local.

Eu estava além de agitado. Tudo que eu queria era sair de lá e colocar as mãos em mais drogas, porque não conseguia suportar a ideia da reviravolta. Isso me aterrorizou. Minha família tentou desesperadamente tudo o que pôde para que o médico me declarasse incompetente e me mantivesse internado durante a noite e, no final, eles conseguiram. Eu os ouvi, mas me recusei a ser internado, a menos que recebesse os medicamentos necessários para conter os efeitos da crise. Não demorei muito no dia seguinte para convencer o psiquiatra de que sofri um ataque de insanidade temporária. Ele me observou secamente enquanto eu tentava enganar seus olhos, mas concluiu que não havia risco de suicídio e me deixou ir. Fiquei aliviado por estar livre, porque agora poderia ir buscar alguns estimulantes. Eu não gostava de um efeito suave - meus venenos preferidos eram os estimulantes. Eles me deram alta com uma receita de sedativo Librium. Eu deveria tomar isso por dois dias ou até poder voltar para a reabilitação no hospital.

Eu prometi a ele que faria isso.

Fui direto para a casa de George e comecei a me injetar. Sempre tive medo de agulhas e nunca tinha feito isso antes, mas também nunca estive tão desesperado. Sentei-me no sofá de George. Ele tirou as anfetaminas em pó, colocou um pouquinho numa colher junto com um pouco de água, segurou a colher sobre o fogo, colocou uma bola de algodão na colher e colocou a mistura em uma seringa.

"Tire seu suéter."

Fiz o que ele disse e estendi o braço.

"Aperte o punho algumas vezes..."

Levantei o punho para deixar minhas veias mais visíveis, então ele enfiou a agulha em meu braço. Doeu quando observei um pouco do meu sangue se misturando na seringa. Ele empurrou o êmbolo e lá estava ele novamente.

O efeito.

Foi *selvagem*! Cada cabelo do meu corpo se arrepiou enquanto meus olhos se arregalaram e rolaram para trás. Eu estava livre... perdido no espaço e no tempo.

Comecei a procurar outras drogas para dar conta da minha demanda constante. Era um hábito caro, mas nunca tive problemas para vender e descobri rapidamente que tinha jeito para isso. Eu me joguei no abismo, de cabeça. Este era agora o meu modus operandi. Usei o máximo que pude, até não poder mais usar.

Na primavera de 1999, aos 20 anos, fui para o centro de reabilitação de Vogur, totalmente esgotado. Meu conselheiro me chamou para uma entrevista:

"Baldur, o que você acha de fazer um tratamento de longo prazo?"

"Quanto tempo?"

"Um ano."

Achei uma sugestão completamente ridícula! Eu tinha acabado de completar 20 anos, mal tinha idade suficiente para comprar cigarros e bebidas, e deveria ir para uma reabilitação de longo prazo. Vamos!

"Vou pensar sobre isso."

Eu não. No dia seguinte, fui direto ao posto de enfermagem e anunciei que estava saindo. Eu não pertencia a nenhum programa de tratamento de longo prazo. Eu não tinha um problema tão grande.

Saí do hospital, respirei fundo e naquele momento, olhando para a cidade, tomei a decisão de me tornar um criminoso.

Eu cruzei o limite.

Eu sabia então que pertencia àquele mundo. Fui aceito lá. Eu poderia até ser respeitado... e ganhar a vida negociando. Eu venderia drogas e sempre teria um suprimento amplo para mim. O plano perfeito.

Dediquei-me de todo o coração à minha nova tarefa, como sempre fiz em tudo o que empreendi na vida. Eu sempre fui até o fim.

Desta vez, porém, teria consequências terríveis.

Baldur Einarsson

Parte Dois

12

O COLETOR DE DÍVIDAS

Foi em 1999.

Examinando nosso território, parei o carro no topo de uma colina com vista para a passagem montanhosa que levava a Reykjavik. Christopher, meu parceiro no crime, me impulsionou, e nós começamos esta outra carreira.

Com apenas 20 anos, minha nova vida como criminoso estava tomando forma. Christopher, meu amigo e co-conspirador, era como uma parede de tijolos, mais ou menos da minha altura e durão como garras. Juntos, éramos uma dupla louca e imprudente, muitas vezes à beira da sanidade. Uma combinação potente e muito perigosa. Conheci Chris em um programa de recuperação de doze passos, quando ambos estávamos sóbrios. Agora, a um mundo de distância dessa realidade, vendíamos os narcóticos de um traficante chamado André.

Eu estava fortemente comprometido em ser excelente e determinado a estabelecer meu próprio nicho neste novo mundo. Éramos implacáveis e, quando os viciados não pagavam as suas dívidas a tempo, simplesmente invadíamos os seus apartamentos, saqueavamos os seus pertences e, na maioria das vezes, espancávamos brutalmente. Nossa prioridade número um sempre foi estar um passo à frente da polícia, e usávmos a violência, ou a ameaça dela, para dissuadir alguém de nos denunciar às autoridades.

E funcionou.

Com adrenalina e anfetaminas correndo constantemente em minhas veias, me senti mais vivo do que há muito tempo. Eu prosperei com a emoção da perseguição constante e, acima de tudo, com o respeito que isso me deu. Eu finalmente encontrei meu lugar no mundo. Era eu quem mandava agora e tinha amigos leais que me protegeriam nos bons e maus momentos.

Stan era um deles, e ele era um personagem e tanto - tolamente destemido e selvagem. Ele já havia cumprido pena de prisão aos 15 anos, então era um criminoso experiente e genuíno quando nossos caminhos finalmente se cruzaram. Stan, Chris e eu nos tornamos um trio formidável. Quase totalmente loucos por causa das anfetaminas, nos sentíamos invencíveis, o que muitas vezes nos levava a situações muito perigosas.

Numa pausa na nossa rotina habitual, uma noite, nós três decidimos que íamos tentar realizar um assalto. Recebemos uma dica sólida de um amigo que trabalhava no local, e estávamos precisando de dinheiro, então decidimos: por que não? Por volta das 23h, estacionamos nosso carro na esquina da loja. Ficamos parados, com toucas na cabeça, armados com bastões, escondidos atrás da porta dos fundos. Nosso plano "incrível" era nocautear o último funcionário saindo e depois voltar ao trabalho. Eu estava completamente conectado, minha adrenalina estava nas alturas e tínhamos apenas alguns segundos até que nosso alvo emergisse. Então, de repente, do nada, dois conjuntos de faróis de carro se aproximaram na direção oposta e iluminaram a escuridão ao nosso redor, expondo-nos completamente.

Droga! O trabalho foi destruído. Saímos correndo noite adentro, frustrados porque o roubo tinha sido mal sucedido, mas principalmente, aliviados por não termos sido presos.

Eu já tinha estado lá antes e não havia nada mais terrivelmente desconfortável do que passar uma noite numa cela. Não importa o quão chapado eu estivesse inicialmente, tudo passou durante aquelas 24 horas de confinamento, e isso foi insuportável. Naquelas horas temidas, minha consciência muda, raivosa e hipercrítica sempre aparecia de surpresa, me provocando e, inevitavelmente, terminando comigo na necessidade de tomar uma dose ainda maior de drogas para silenciar aquela voz interior reprimida e depreciativa.

"Aha, aí está você... Ovelha Negra."

Nossos quase acidentes com a lei foram apenas a ponta do iceberg, e a brutalidade estava apenas começando. Numa noite de verão, Stan e eu estávamos passeando pelo centro de Reykjavik e, quando entramos em um parque, meus olhos se fixaram em Frosti – um dos viciados não confiáveis que me devia dinheiro e nunca se preocupou em atender o telefone. Ele não me devia muito, mas esse encontro casual me deu a oportunidade de abrir um precedente e deixar bem claro que o desrespeito nunca seria tolerado.

"Ei, Frosti. Quando você vai fazer um acordo?"

"Baldur! Por favor! Vou fazer isso agora mesmo", ele choramingou.

"Você chegou tarde demais, perdedor. Você deveria ter atendido o telefone!"

"Eu não sabia que você tinha ligado!"

"Ah, então agora você vai mentir para mim também, hein?" Eu gritei, minha frustração estava de repente borbulhando.

Eu estava apenas fazendo meu trabalho, garantindo que Frosti pagasse o preço por sua irresponsabilidade. Ele precisava sofrer para que eu não parecesse idiota. Agarrei-o pelos cabelos e bati com força seu rosto em um banco de ferro do parque. Quando Frosti se recuperou, Stan o pegou como uma boneca de pano e prendeu a garganta de Frosti, permitindo-me terminar o que havia começado. Inspirei profundamente, levantei o punho e dei um soco poderoso na bochecha de Frosti. O som de algo quebrando ecoou quando meu punho acertou.

Então, comecei a esmurrá-lo, golpe após golpe após golpe.

"Você vai matá-lo!" Stan gritou.

Eu congelei e soltei Frosti, que caiu no chão, espancado e ensanguentado. Agarrei seu braço e pisei nele impiedosamente com o calcanhar, sentindo seu osso quebrar sob meu sapato, enquanto vasculhava seus bolsos e carteira, pegando tudo que podíamos.

Jogamos Frosti sem cerimônia nos arbustos, como um saco de areia.

"Ninguém mexe com a gente!" Stan gritou, rindo, enquanto batíamos as portas do carro e íamos embora como lunáticos.

Mais tarde, descobri que havia quebrado todos os ossos do lado direito do rosto de Frosti. Sua maçã do rosto, osso orbital e mandíbula estavam todos quebrados, seu crânio fraturado e seu braço direito gravemente danificado. Como eu deveria me sentir? Teve o efeito pretendido e a notícia da nossa crueldade espalhou-se como fogo por toda a cidade. As pessoas agora entendiam que nos pagar em dia era o mais sensato.

Depois disso, a vida voltou à sua rotina sombria de sempre. Vendemos drogas com fins lucrativos, e o crime e os castigos brutais tornaram-se a nossa rotina diária. Uma noite, enquanto Stan e eu andávamos durante nossas rondas habituais, meu telefone tocou. Era Simon, um dos nossos clientes habituais, um jovem membro de uma promissora gangue de motociclistas. Ele queria drogas, especificamente speed. Dirigimos até Reykjavik, até seu apartamento no porão, estacionamos do lado de fora e esperamos. Quando Simon finalmente saiu cambaleando de casa e veio em nossa direção, ficou bastante claro que ele estava muito embriagado. Ele cambaleou até a traseira do carro, cheirando a álcool e problemas.

"Preciso de um pouco de Speed, cara", ele disse arrastado.

Gelo e Fogo

Ansioso para me livrar de Simon rapidamente, entreguei-lhe a droga, e já fortemente embriagado, ele não perdeu tempo em dar um golpe bem na nossa frente. Mas então, em vez de pagar e sair do carro, ele simplesmente ficou ali sentado, brincando irritantemente, falando alto e causando problemas. A tensão no carro aumentou rapidamente e não demorou muito para que Stan, muito irritado, chegasse ao limite.

"Escute, cara", Stan levantou a voz, sua raiva fervendo. "Vou contar até dez. Se você não sair deste carro até lá, vou te arrebentar. Entendeu?"

Stan sabia que Simon poderia facilmente ir embora antes de completar dez, mas ele já havia se decidido - ele iria agredi-lo de qualquer maneira. Muitas vezes era assim que as coisas aconteciam com Stan.

"Um... dois... três... dez!"

Quando contei até dez, o punho de Stan acertou o rosto de Simon. Crack!!!

Ele estendeu a mão para o banco de trás e deu uma sequência de socos, chutes, até que Simon caiu na rua, flácido, sangrando e machucado. Pisamos no acelerador e saímos correndo do local, rindo sozinhos. Ele havia pedido por isso. Ele deveria ter visto isso.

Alguns dias depois, um Simon mais quieto me ligou, alegando que tinha o dinheiro que devia. Sem pensar duas vezes, fui até seu apartamento no porão para cobrar minhas dívidas, mas assim que entrei, pude sentir a tensão palpável no ar.

Oito homens de aparência hostil e jaquetas de couro me confrontaram na porta.

"Então, Baldur, onde está seu amigo Stan?" um dos homens mais velhos falou, obviamente em busca de vingança.

"Como eu deveria saber? Só estou aqui pelo dinheiro que Simon me deve."

"Não há dinheiro, cara, e você não vai embora até termos uma conversinha com seu amigo Stan. Traga-o aqui... agora!"

Fiquei ali, minha mente pensando em vários planos de fuga, mas estava claro que a única maneira realista de sair dessa armadilha era ligar para Stan. Então, disquei o número dele.

"Ok, estarei lá", disse ele.

Como esperado, quando Stan chegou, ele não estava sozinho. Ele trouxe Chris, Andre e alguns outros braços fortes com ele, todos sorrindo de orelha a orelha com malícia. A tensão crepitava no ar e não pude deixar de adorar a atmosfera elétrica. Ficamos ombro a ombro, inflexíveis e frios como pedra, enquanto a gangue de motoqueiros exigia reparação pelo espancamento de Simon.

Mas não haveria reparações... apenas derramamento de sangue.

Chris começou o ataque, acertando um soco feroz que fez um dos motociclistas bater contra a parede e cair no chão Tinha começado! O pequeno apartamento no subsolo explodiu em caos e, um por um, derrubamos os motociclistas no chão, sem demonstrar piedade.

"Ei, Stan!" um dos membros da gangue provocou antes de levantar uma pá grande e balançá-la direto no rosto de Stan, jogando-o para trás, atordoado. Rindo alto, o valentão vestido de couro se preparou para outro golpe, mas Andre interveio, salvando o rosto de Stan, mas quebrou o braço contra a pá. Outro golpe brutal da pá no rosto ensanguentado de Stan o fez cambalear, descontroladamente... as drogas que ele havia tomado eram a única coisa que o mantinha de pé.

Observei com espanto quando André, movido pela raiva, arrancou a pá do maníaco, arrastou-o para a rua e espancou-o com ela.

Stan finalmente tombou, com o corpo flácido e com uma concussão.

Tinha acabado. Fomos todos levados ao pronto-socorro pela namorada de André. André precisava de tratamento para o braço quebrado e a mão machucada, e Stan precisava de cuidados urgentes para sua grave concussão.

Mais tarde naquela noite, saímos do hospital com assuntos inacabados e um desejo ardente de vingança. Não acabou. Estávamos na caça. Enquanto eu dirigia, André fez uma ligação enigmática.

"Estou indo te buscar", disse ele a uma voz desconhecida do outro lado da linha. Ele me direcionou para uma casa em Reykjavík. Estacionamos do lado de fora e um homem gigante surgiu, super alto e de pele escura, parecendo um gigante. Seu nome era John Stones. Eu não tinha ideia de quem ele era, mas estávamos em uma missão e todos tínhamos um alvo em mente: o maníaco empunhando uma pá da briga. Descobrimos que seu nome era Samuel, e após uma breve busca, encontramos ele na porta de um café no centro de Reykjavík.

"Você vem com a gente!" André gritou furiosamente com Samuel, enquanto o arrastamos aos pontapés para dentro do carro.

Corremos em direção a uma parte isolada da cidade, à beira-mar. Nossa excitação e sede de vingança alimentaram nossa euforia quando todos saímos do carro.

"Então... esse é o nosso cara!" John Stones provocou ameaçadoramente, olhando para Samuel e segurando a mesma pá que Samuel usou no Stan.

Samuel estava deitado de bruços no chão, tremendo.

"Olhe nos meus olhos, seu maluco!" John latiu agressivamente, enfiando a pá no rosto aterrorizado de Samuel. Samuel gritou e relutantemente encontrou o olhar do louco corpulento que se elevava sobre ele.

"Isso mesmo. Agora abra a boca, idiota!"

Tremendo e implorando, Samuel obedeceu, de boca aberta, enquanto John Stones enfiava a ponta da pá profundamente em sua mandíbula aberta e pressionava com força o cabo, enfiando-o mais fundo. Eu não pude deixar de recuar; o ar estava denso de agonia.

"Agora pague!" Andre gritou.

Depois de muitos gritos e súplicas desesperadas, Samuel fez alguns telefonemas e conseguiu algum dinheiro. Nós o liberamos por pouco menos de US$ 2.500, depois o jogamos no carro e o levamos até o ponto de entrega, onde um homem estava me esperando com o dinheiro do resgate.

Isto era apenas outro dia no escritório.

Este era o meu novo mundo. As pessoas sabiam quem eu era e minha reputação estava crescendo. Ouvi os sussurros do meu nome e meu ego foi alimentado. Eu me deleitei com a atenção.

Eu era o coletor de dívidas.

13
DUELANDO COM A POLÍCIA

Aprendi rapidamente durante esse período tumultuado que "sempre um passo à frente" só poderia ser válido por um certo tempo. À medida que minha carreira nos cenário das drogas em Reykjavik progredia, também progrediam meus encontros com a lei. Encrenca tinha um talento incrível para me encontrar, mesmo quando eu não estava procurando ativamente.

Numa tarde fatídica, quando eu tinha 20 anos, eu estava com meus amigos em um fliperama no centro da cidade, quando um encrenqueiro começou a falar comigo, me provocando e apertando meus botões para reagir. Eu já tinha lidado com caras e situações como essa antes, mas, nessa ocasião, senti uma onda de raiva avassaladora e tudo que pude imaginar foi calá-lo com um soco rápido em seu rosto.

Comecei pela razão.

"Escute cara, ninguém se importa então, por favor, cale a boca!"

Mas minhas tentativas de calá-lo caíram em ouvidos surdos. Ele continuou andando, aproximando-se cada vez mais de mim e ficando bem na minha cara, enquanto as pessoas começavam a olhar. Finalmente o convenci a ira para a rua comigo e, assim que saímos, o cara sacou uma faca.

É serio? Me de um tempo, pensei. Eu conhecia bem as leis de autodefesa da Islândia e sabia que poderia defender-me legalmente se o meu agressor estivesse armado com uma arma mortal, o que ele claramente estava. O que quer que acontecesse a seguir, ele não poderia prestar queixa, e eu tinha todo o direito de dar uma lição a esse idiota, o que eu realmente queria fazer. Uma multidão de testemunhas reuniu-se e, para piorar a situação para ele, um grupo de repórteres se reuniu mesmo atrás da corte do distrito, à espera que alguém chegasse para ser sentenciado sob escolta policial. O bandido ficou olhando para mim como um louco, apontando a faca em minha direção, e todo o incidente foi capturado pela câmera. Diga X! Ele finalmente se jogou sobre mim com a faca, e eu rapidamente o desarmei, jogando-o no chão enquanto ele gritava de agonia. A julgar pelos seus gritos e pela maneira como sua perna dobrou sob a força do meu chute, devo ter acertado o ponto.

Quando a polícia chegou ao local, pretendia prender-me, até que expliquei que o homem caído no chão tinha tentado atacar-me com uma arma. Mostrei-lhes meu ferimento, um pequeno arranhão de faca e, claro, a arma que ele havia usado. Os repórteres aderiram, confirmando que ele havia me atacado com a faca e que haviam capturado todo o incidente diante das câmeras. Mais tarde naquela noite, canais de notícias islandeses relataram a notícia de última hora:

"Assaltante com faca subjugado no centro de Reykjavík!"

Eu involuntariamente me tornei uma espécie de herói local, uma reviravolta do destino que meus amigos acharam irônica e muito divertida.

Essa foi a única ocasião em que me encontrei do *lado certo* da lei. Nossos desentendimentos com os policiais se tornaram cada vez mais frequentes, e meus amigos e eu ficamos tão cansados deles nos prenderem, que um dia decidimos o que pensávamos ser um plano astuto para nos vingar deles. Tínhamos ouvido rumores sobre uma instalação da polícia secreta nos arredores da cidade, então, chapados e prontos para fazer o inferno. Dirigimos até lá na calada da noite, apagando todas as luzes do nosso carro quando nos aproximamos. Verificamos se havia algum sinal de vida lá dentro, então fomos sorrateiramente até a entrada e abrimos a porta. Tínhamos tirado a sorte grande! Bisbilhotamos o prédio vazio e descobrimos, para nossa alegria, numerosos arquivos contendo uma grande variedade de drogas lacradas em plástico, bem como alguns pequenos sacos de haxixe. Rimos e brincamos enquanto acendemos um baseado e cheiramos algumas linhas do "estoque" de nossos inimigos em seu "local secreto". Em seguida, embalamos tudo o que podíamos carregar e guardamos em nosso esconderijo. Nunca fomos pegos e as autoridades não tinham a menor ideia de que tínhamos algo a ver com o roubo. Sempre um passo à frente.

Apesar do meu conflito contínuo com a polícia, nunca entrei em confrontos, nem verbais nem físicos, com eles. Minha rebelião assumiu diferentes formas, como recrutar pessoas para roubar coisas para mim em troca de drogas. Adorei a emoção de saber que todos os meus bens eram bens roubados e que a polícia não tinha como provar isso. Também tive pessoas que guardavam as drogas escondidas no meu apartamento, normalmente clientes que me deviam dinheiro. Este acordo permitiu-lhes reduzir as suas dívidas comigo, assumindo a propriedade das drogas confiscadas.

A chave para o sucesso neste jogo era permanecer calado durante qualquer questionamento. Para manter minha boca fechada. Foi como uma partida de xadrez estratégica para mim.

Eles sabiam.

Eu sabia.

Eu só tinha que ter certeza de continuar enganando-os.

A única vez que falhei, infelizmente, foi com meu irmão mais novo. Aos 14 anos, meu irmão mais novo David veio me visitar da Dinamarca. Fui encarregado de cuidar dele, e minha mãe me pediu para planejar algo divertido para ele, porque ele me admirava e estava animado para passar um tempo com seu irmão mais velho, legal.

Quando David chegou, meu único foco era egoisticamente apenas ficar chapado, então levei-o para fumar no apartamento do meu amigo. Ele sentou-se conosco, fumando maconha e ficando chapado, e depois de um tempo, obviamente fora da minha cabeça, tomei a decisão de deixá-lo tentar um pouco de Speed também. Havia drogas espalhadas por todo o apartamento, mas no meu estado de espírito alterado, pensei que estava tudo sob controle. Eu estava errado. Olhando para trás, fica claro para mim que eu não tinha absolutamente nenhum apreço pelo quão jovem David realmente era, ou pelo impacto que tudo isso teria sobre ele. Porém, sempre que eu me levantava, fazia questão de ir ao banheiro. Eu não queria fazer isso na frente dele.

Não fazia muito tempo que estávamos no apartamento do meu amigo quando de repente ouvimos uma forte batida na porta. Foi uma batida policial. Não ficamos perturbados, isso não era novidade para nós, a polícia nunca nos deixou em paz. "Fique parado! Não se mova!" eles ordenaram duramente enquanto corriam para dentro do apartamento. Nós sabíamos o que fazer, então deixamos que eles nos algemassem como de costume. Mas então eu os vi indo em direção ao meu irmão, David.

"Ei! Espera espera! Ele tem menos de 18 anos. Você não pode algemá-lo! Você precisa ligar para a mãe dele e contar a ela o que está acontecendo!"

Meu apelo caiu em ouvidos surdos.

Observei com raiva latente enquanto eles maltratavam e prendiam meu irmão mais novo, cujo único "crime" era estar perto de mim. Fiquei quieto, entendendo que era inútil discutir com a polícia. Mais 24 horas na cela. Eu conhecia o jogo; Eu só precisava garantir que não carregava drogas e manter a boca fechada durante o interrogatório. Eles levaram-nos a todos, incluindo o meu irmão mais novo, para uma cela, e quando protestei que era ilegal detê-lo, eles ainda ignoraram os meus protestos.

Eu os odiei por isso.

O pobre David foi submetido a interrogatórios e interrogatórios muito duros sob "suspeita de contrabando de drogas da Dinamarca". Em seu incansável caso contra mim, a polícia o investigou. Um garoto de 14 anos, sem a presença da mãe nem do advogado. Eles estavam mais do que determinados a me culpar por algo, mas me recusei a ceder, mantendo meu silêncio pelas habituais 24 horas.

No dia seguinte, eles colocaram David sob custódia de emergência em uma instalação de Assuntos Infantis e Familiares. Eles contataram minha mãe e, finalmente, o libertaram.

Eu havia entrado em conflito com a polícia mais uma vez e, desta vez, saí perdendo. Mas eles eram os bandidos e, na minha arrogância alimentada pelas drogas, nunca me passou pela cabeça que eu pudesse ser responsável por colocar o meu irmão numa situação tão traumática. Que eu poderia ser o problema.

Que *eu* era o denominador comum.

14

OS BURACOS APARECEM

O verão que se seguiu à visita do meu irmão foi marcado pela escalada da violência e pelo caos contínuo. Stan e eu constantemente estimulamos um ao outro, ultrapassando nossos limites e garantindo que qualquer um que nos mostrasse o menor sinal de desrespeito sofreria severamente por isso.

Certa manhã, já muito chapados, Stan e eu paramos no guichê do drive-thru de uma rodoviária para comprar cigarros. A mulher que trabalhava na caixa registradora pediu que avançássemos para a próxima janela e, quando eu estava prestes a pegar os cigarros, o motorista do carro atrás de nós buzinou bem alto, e o que soou de forma agressiva. Ele apertou meus botões.

Virei-me para Stan, agitado: "Vou ensinar boas maneiras a esse idiota, cara!"

Sem pensar duas vezes, saltei do carro e corri para confrontar o cara. Stan saiu do carro e correu direto para a janela onde a moça do caixa estava parada, com os olhos arregalados, paralisados em completo estado de choque.

"Feche a janela por um segundo!" Stan a instruiu.

Ela obedeceu, obviamente aterrorizada.

Abri a porta do carro do outro motorista.

"Quem diabos você pensa que é, buzinando para mim?"

Completamente atordoado, o homem tentou se desculpar, mas antes que ele pudesse dizer uma palavra, comecei a socar. BUM! BUM! Segurei-o pelo colarinho da camisa e lhe bati com força debaixo do queixo, deixando-o inconsciente, de modo que sua cabeça bateu na buzina, com um estrondo alto e contínuo.

Três caras no banco de trás me observaram aterrorizados, então abri a porta traseira, rosnando, e comecei a atacá-los. Então, de repente, ouvi Stan gritando:

"Essa porra de faca não atravessa jaqueta de couro dele!"

Stan estava dentro do carro, do lado do passageiro, tentando esfaquear o cara no banco da frente com meu canivete. Na loucura do momento, caí na gargalhada com as palavras de Stan. O caos maníaco me carregava como uma droga.

O motorista estava inconsciente, com a cabeça ainda na buzina, que tocava no estacionamento. Sabíamos que tínhamos que nos separar, então voltamos para o carro e saímos correndo antes que os policiais pudessem nos pegar, com as portas do carro ainda abertas.

Éramos os novos garotos malucos do quarteirão, e nosso comportamento imprudente e irreverente, e o rastro de destruição que deixamos para trás, começaram a atrair problemas que não havíamos previsto. Em uma ocasião, um dos chefões assustadores do cenário das drogas na época, *Siggy Tattoo* me telefonou do nada. Tendo recém saído da prisão por uma acusação de agressão, ele estava furioso com o que havíamos feito com Simon (o idiota bêbado que não pagou).

Eu não me intimidei.

"Onde você mora?" perguntei insolentemente. "Estamos indo atrás de você, seu covarde!"

Conseguimos localizá-lo, mas quando chegamos à casa dele, todas as luzes estavam apagadas e ninguém parecia estar em casa. Batemos em todas as portas e janelas, mas ficou claro que o bom e velho e assustador Siggi havia fugido ou estava escondido. E foi isso! Não ouvimos mais nada dele e nossa mensagem foi cristalina. Ele pode ter se apegado à sua glória e notoriedade passadas, mas não ficamos impressionados com as histórias de antigos heróis do submundo.

Alguns dias depois, no final do mês, enquanto esperava na fila do banco, avistei Gunnar – outro cliente regular sorrateiro que me devia dinheiro, é claro. Aproximei-me dele na fila, com um sorriso malicioso.

"Nem pense em causar uma cena, meu amigo," eu sussurrei ameaçadoramente.

Abordamos o caixa juntos. Gunnar engoliu em seco.

"Ele quer encerrar a conta, por favor." eu disse, sorrindo.

O caixa olhou para Gunnar, que concordou.

Depois de alguns momentos desconfortáveis de silêncio, o caixa entregou o dinheiro e saímos do banco.

Lá fora, tranquei nós dois dentro de um caixa eletrônico e liguei para os rapazes para dizer que finalmente havia encontrado o fujão Gunnar. Ele nos devia muito dinheiro por anfetaminas e mentiu repetidamente para mim ao telefone, fazendo promessas de pagamento e nunca cumprindo. Nunca consegui entender como pessoas como ele conseguiam mentir na minha cara, sabendo que vivíamos numa pequena rocha no Atlântico Norte, onde ninguém poderia se esconder para sempre. Eles devem ter pensado que éramos estúpidos.

Quando os caras chegaram, pegamos Gunnar e o jogamos no porta-malas do carro e o levamos até um parque nacional nos arredores da cidade para um pouco de paz e sossego. Abrimos o porta-malas e o ataque começou.

"Eu juro que ia ligar para você, Baldur!" ele lamentou, olhando para nós aterrorizado.

"Pare de mentir e pelo menos seja esperto, cara!"

Peguei minha bolsa de ginástica, tirei meu desodorante e enfiei a ponta dele em sua boca.

"Isso deve evitar que você minta, seu idiota", gritei.

A julgar pela expressão em seu rosto, eu poderia dizer que o gosto era absolutamente nojento. Nós o arrancamos do porta-malas, tiramos o cinto, mandamos ele abaixar as calças e se deitar no chão. Nós arrebentamos o cinto com toda a nossa força em sua bunda nua repetidamente, enquanto ele se contorcia em agonia. A malícia dentro de mim aumentava a cada grito. Eu acreditava que minhas ações eram totalmente justificadas e, ao mesmo tempo, uma válvula de escape para toda a raiva e ódio que se acumularam em mim ao longo do tempo.

"Puxe as calças e vire-se!" Eu disse a ele, friamente.

Acendi um charuto cubano grande e gordo.

"Tire sua camisa."

Eu não terminei. Olhei nos olhos dele enquanto ele tirava a camisa, então me sentei, montando nele, para que ele não pudesse se mover. Dei uma tragada no charuto até que a brasa incandescente atingisse um bom tamanho, então, lentamente, me abaixei e apaguei-o, chiando, em um de seus mamilos. Eu podia sentir o cheiro de sua carne queimada e continuei a encará-lo nos olhos enquanto ele se contorcia em total agonia.

Eu me tornaria quase totalmente indiferente ao sofrimento dos outros, se conseguisse me convencer de que eles mereciam. Era como se eu me considerasse um guardião da justiça, com o dever de fazer com que as pessoas respeitassem os nossos valores e princípios. Quando se tratava de confrontos físicos, eu tinha um código diferente. Eu deixaria a outra pessoa dar o primeiro passo. Eu era excelente em insultar as pessoas com desprezo suficiente para provocá-las a me atacar. Estranhamente, eu não conseguia entender por que era frequentemente alvo de agressões. Não importa quantas vezes isso aconteceu; Eu sempre respondia com violência desenfreada. Eu desenvolvi uma habilidade incrível de visualizar como poderia dominar todos ao meu redor, identificando instantaneamente armas em potencial na sala se as coisas se tornassem físicas. A violência me consumiu e fiquei viciado nela, ainda mais do que nas drogas.

Jurei nunca mais ser uma vítima e não faria nada para evitar aquele velho sentimento de desamparo. Eu não era mais um garotinho ingênuo; Eu encontrei minha voz e pude me defender.

Sempre que meus amigos e eu recebíamos cocaína extra com nossas vendas de drogas, realizávamos um pequeno ritual divertido. Preparávamos tudo em uma panela, colocávamos a solução em seringas pré-cheias e guardávamos na geladeira, como picolés. A cocaína era extremamente potente e rapidamente percebi que, por mais que tivéssemos, ela sempre desaparecia num piscar de olhos. Éramos viciados. Nos dias em que estávamos focados em vender, nos contentávamos com Speed, misturando ocasionalmente um pouco de cocaína, que chamávamos, brincando, de nosso "combustível de trabalho".

Certa vez, decidi experimentar o Clonazepam, mas a experiência foi tão perturbadora que, na manhã seguinte ao tomá-lo, acordei completamente desorientado e me sentindo mal. Estendi a mão para pegar uma dose de cocaína, apenas para descobrir que ela estava faltando. Destruí meu apartamento em uma busca frenética, sabia que devia estar em algum lugar. Então, de repente, lembrei-me de que meu amigo Harold havia visitado minha casa na noite anterior, antes de sairmos para a festa.

"Liguei para os meninos. "Harold roubou a cocaína!"

"Não, cara! Tem certeza?"

"Sim, com certeza. Vamos ensina-lo"

Chamamos Harold.

"Onde está a cocaína?", perguntei.

"Que cocaína?"

"A cocaína que você roubou!"

"Eu não tomei cocaína!", ele insistiu, fingindo estar confuso.

Não acreditei nele nem por um segundo, então era hora de uma confissão. Amarramos seus braços atrás das costas com uma corda e o levamos para o box do chuveiro. Em seguida, colocamos um pano sobre seu rosto e começamos a derramar água em seu nariz e boca através do pano. Sufocante. Não houve confissão, mas continuamos entre seus gritos e lutas. Eventualmente frustrados, sem resposta, nós o trancamos sozinho no banheiro escuro e batemos ameaçadoramente na porta em intervalos regulares para intimidá-lo. Nada estava funcionando, então, eventualmente, arrombei a porta, agarrei-o pela garganta e pela virilha e joguei-o do outro lado da sala, apenas para cair sobre seus braços amarrados. Eu estava determinado a quebrá-lo, então a tortura continuou por várias horas. Somente quando o pai de Stan chegou ao apartamento ele conseguiu me convencer de que era inútil, e simplesmente desistir e libertar Harold.

Exausto, mas ainda furioso por causa da minha cocaína, relutantemente cortei as cordas em volta de seus pulsos e o deixei ir.

Alguns dias depois, quando me sentei para tomar café da manhã, servi-me de uma tigela de cereal e lá estava ele: o mesmo saquinho de cocaína que acusei Harold de roubar. Escondido em uma tigela de café da manhã no armário da cozinha. Bem, bem, bem! Eu refleti para mim mesmo. Ele estava dizendo a verdade o tempo todo. Droga! Uma pontada de culpa tomou conta de mim. Ele não merecia o que fizemos com ele, mas agora era tarde demais para mudar alguma coisa. Ouvi de um amigo em comum que Harold levou meses para se recuperar do nosso violento interrogatório, tanto física quanto emocionalmente.

Harold pagou o preço pelo meu vício pela brutalidade, mas não foi o único.

Nessa época, minha mãe ganhou um apartamento da prefeitura e, por conveniência, decidi morar com ela. Eu ainda usava soro intravenoso todos os dias e estava envolvido até o pescoço em todos os tipos de crimes, então isso me serviu muito bem. Meu estilo de vida desonesto e acelerado inevitavelmente chamou a atenção da minha mãe, com o fluxo constante de pessoas entrando e saindo do nosso apartamento, meu quarto cheio até a borda com bens roubados e eu, perpetuamente louco por causa de uma droga ou outra.

"Você precisa ir para a reabilitação, Baldur! Por favor!" ela me implorou uma tarde.

Me dá um tempo! A vida era ótima. A reabilitação estava absolutamente fora de questão para mim, e o comportamento da minha mãe dificilmente era perfeito. Eu não conseguia entender por que ela estava me dando um sermão.

Cerca de uma semana depois, minha mãe me ligou, sussurrando ao telefone em pânico total. Ela e minha irmã Sophie, de 14 anos, foram atacadas e roubadas em nossa casa. Corri para casa, em pânico e furioso. Eu sabia quem era e exatamente do que se tratava.

"Qual é o seu plano, Baldur?" minha mãe perguntou preocupada.

Minha fúria interior era tão intensa que não consegui ouvi-la. Saí de casa sem responder, juntei um grupo de moradores da vizinhança e fui para a cidade. Para evitar sermos vistos e reconhecidos, estacionamos o carro na esquina do bar onde os culpados estavam. Todos nós entramos no bar, avistamos a gangue e, sem hesitar, um dos meus amigos pegou um pesado cinzeiro vermelho e jogou-o direto na cara do homem que havia roubado minha mãe e minha irmã.

Assim que ele se conectou, o caos irrompeu e nós entramos em ação, destruindo todos eles. Meu ódio e animosidade encontrando alívio a cada golpe.

Porém, em vez de *aliviar* o estresse da minha mãe, essa retaliação violenta apenas exacerbou suas preocupações sobre mim, e ela parecia estar cada vez mais ansiosa.

Alguns dias depois, cheguei em casa com minha mãe, de pé na cozinha, esvaziando sistematicamente os armários, quebrando pratos e jogando pratos no chão, aos meus pés. Um prato após o outro voou pelo ar e se espatifou, enquanto ela gritava e xingava para mim. Quando ela finalmente terminou de quebrar tudo que podia, ela pegou uma faca de cozinha grande e afiada e a segurou no ar, trêmula, respirando pesadamente.

"O que você está fazendo, mãe?", gritei, sem saber o que diabos havia acontecido com ela de repente.

Sem hesitar, minha mãe olhou para mim, pegou a faca e fez um corte profundo, longitudinalmente, do pulso até o antebraço. Sangue espirrou por toda parte na cozinha. Um arrepio horrível percorreu minha espinha.

"O que é que você fez!?" Eu entrei em panico.

Ela fixou seu olhar em mim.

"Se você vai continuar nesse caminho", ela gritou, "eu não quero viver!"

Em pânico, peguei um pano de prato e enrolei-o firmemente em seu braço, aplicando pressão para estancar o sangramento. Chamei uma ambulância o mais rápido que pude. Mamãe ficou ali parada, olhando para mim com profunda angústia nos olhos e lágrimas escorrendo pelo rosto, enquanto esperávamos a ajuda chegar. Corri com ela para a sala de emergência e fiquei com ela até a chegada do médico, depois corri de volta para casa.

Quando abri a porta da frente, vi cacos de vidro e pratos ensanguentados espalhados pelo chão e pelo corredor. Eu não conseguia respirar. Avistei a faca no chão, repugnantemente coberta com o próprio sangue da minha mãe. Uma forte onda de náusea percorreu meu corpo, como se algo dentro de mim também tivesse se quebrado. Em pânico, corri para o banheiro, tirei a roupa e entrei no chuveiro. À medida que a água quente caía sobre mim, minhas lágrimas começaram a escorrer e eu me enrolei como uma bola no chão do chuveiro, soluçando e tremendo incontrolavelmente. Era como se eu tivesse perdido completamente o controle do meu corpo e das minhas emoções. Eu estava em um estado de choque extremo e ver a faca ensanguentada no chão desencadeou meus medos e terrores profundamente enterrados na minha infância.

Quando finalmente me acalmei, me vesti, enrolei um baseado e comecei a trabalhar para eliminar qualquer vestígio do incidente traumático. Peguei o vidro quebrado, limpei o sangue da faca e esfreguei meticulosamente cada superfície de sangue. Eu estava determinado a manter esse incidente horrível escondido de todos. Eu me preparei e decidi que era melhor simplesmente esquecer completamente esses pensamentos e sentimentos inúteis.

Isso não aconteceu.

15
A VINGANÇA É MINHA

Meu telefone tocou. Foi mamãe. Foi cerca de um mês depois do incidente e da hospitalização, e percebi pelo tom dela que algo estava muito errado. Parei o que estava fazendo e corri para casa imediatamente. Ao entrar correndo no apartamento de mamãe, vi minha irmã mais nova, Sophie, sentada à mesa da cozinha, de cabeça baixa, com lágrimas escorrendo pelo rosto. Minha doce Sophie, geralmente perspicaz e destemida, estava tremendo, chorando e sem palavras.

"O que há de errado, Sophie? Por favor, conte-me o que aconteceu. Você não precisa ter medo. Eu cuidarei disso; você sabe que eu vou", eu a tranquilizei.

Ela não conseguia falar.

"Ela foi estuprada", disse mamãe, com a voz cheia de raiva. "Um cara a levou para a casa dele e depois a largou, como se fosse lixo."

Meu temperamento aumentou e senti minhas mãos começarem a tremer, enquanto cerrei os punhos. Os nós dos meus dedos ficaram tão brancos quanto o tampo de linóleo da mesa.

"Qual é o nome desse bastardo e onde ele mora?" Eu rosnei antes mesmo que pudesse respirar, minha voz tremendo de fúria.

Sophie apenas chorou e eu a envolvi em meus braços, tremendo.

"Não deveríamos denunciar isso?" perguntou mamãe.'

Olhei para minha irmã mais nova sentada ali em pedaços. Ela já havia sofrido o suficiente, mas mamãe estava furiosa.

"A Islândia é para os islandeses!", a mãe gritou de repente, com a raiva fervendo.

Naquele momento, eu entendi. O homem que estuprou minha irmã era uma pessoa de cor, ou alguém que minha mãe via como um "estrangeiro". Sua própria mãe incutiu nela essa crença racista. Fúria desenfreada surgiu dentro de mim. Sentei com a Sophie para pegar toda a informação que poderia, e então liguei para a minha equipe, sem revelar ainda o motivo, pois na época estávamos convencidos de que a polícia estava monitorando nossas ligações.

"Sophie foi estuprada", eu disse aos rapazes quando nos encontramos. "O nome do cara é Mike, ele é negro, estrangeiro. Ele fica com meninas Islandesas e depois abusa delas. É hora de ensinar a este vagabundo uma lição que ele nunca vai esquecer."

A atmosfera no carro no caminho estava tão carregada de tensão e raiva que quase poderia cortá-la com uma faca. Estacionamos o carro fora de vista e começamos nossa busca batendo nas portas de alguns apartamentos no subsolo, sem resposta. Finalmente, nos aproximamos de uma terceira porta e batemos.

Um jovem islandês atendeu a porta e eu passei por ele e entrei.

"Mike está aqui?"

"Não", ele respondeu. "não há nenhum Mike aqui."

Entramos na sala. Duas adolescentes e um negro estavam sentados assistindo TV.

"Você é Mike?"

"Não." ele disse, irritado, "meu nome é Shaun".

Perguntamos a ele mais algumas vezes, mas ele continuou repetindo a mesma resposta. Eu não queria punir o cara errado, mas quando saímos, uma sensação de incerteza me consumiu. Então me dei conta; Eu tinha o número de telefone do cara. Ele havia ligado para Sophie no dia anterior e ela me deu a informação.

Fiz uma pausa, peguei meu telefone e disquei o número do telefone.

Um telefone tocou lá dentro.

Surpresa surpresa! Pertencia ao cara que se autodenominava "Shaun".

Sem pensar duas vezes, corri direto para ele e comecei a bater em seu rosto ferozmente. As meninas surtaram e congelaram no sofá.

"Você não vai escapar impune do que fez com minha irmã!" Eu gritei. "Seu maldito estuprador!"

As meninas começaram a gritar e chorar.

"Mostre-me suas identidades para que possamos saber onde vocês moram!" Eu gritei enquanto batia nele.

Quando finalmente terminei, olhei para Mike, caído no chão em uma poça de seu próprio sangue, com o rosto inchado. Agarrei-o pelos cabelos e levantei-o no sofá, e puxando sua cabeça para trás, sussurrei: "Isto é pela minha irmã mais nova, Sophie... que você estuprou!"

Virei meu antigo telefone Nokia e enfiei a antena com força nas contusões em seu rosto, abrindo-as. Só quando fiquei coberto com o sangue dele é que finalmente decidi parar.

"Se você contar a alguém sobre isso, nós *mataremos* você!"

Seu sangue estava por toda parte e vazava por todo o piso de parquet. Era hora de sair.

Fui para casa, para Sophie. Eu disse a ela que ela estava segura, que ela estava protegida, e que toda a minha equipe estaria agora cuidando de sua segurança... não apenas eu. Estava tudo acabado.

O que eu não sabia na época era que, infelizmente, Sophie havia começado a usar. Ela se permitiu estar com uma galera ruim. Quando descobri, fiquei arrasado. Como eu a protegeria?

Uma noite, porém, não muito depois do terrível incidente, fui acordado no meio da noite por uma batida na minha janela. Foi meu amigo Palmer

"Baldur, eu o encontrei!" ele sussurrou.

"Encontrou quem?"

"Oskar. O fornecedor. Eu o tenho aqui comigo!

Lá fora, à luz da lua, estava Oskar, o maluco egoísta que apresentou a agulha à minha irmã Sophie. Agarrei-o pelo ombro e puxei-o para dentro, jogando-o na cadeira da sala.

A última peça do quebra-cabeça da Sophie finalmente estava no lugar e, naquela noite, tivemos muita, muita certeza de que nem ele, nem qualquer outro idiota abusivo, jamais chegaria perto da minha irmãzinha novamente.

16
O MONSTRO DE OLHOS VERDES

Em 2001, tive a sorte de reencontrar uma garota chamada Julia, da minha cidade natal. Ela era fantástica, engraçada e gentil, e eu me apaixonei profundamente por ela. Julia e eu fomos morar juntos, com a família dela, em uma casa no centro de Reykjavík. Morar com Júlia me fez muito bem. Finalmente pude ver como funcionava uma família normal, mas nosso relacionamento era muitas vezes turbulento, porque eu lutava constantemente com questões de ciúme e desconfiança. Eu estava completamente convencido, desde o início, de que Julia encontraria outra pessoa e acabaria me abandonando. Era como se toda a dor da minha infância, todo o abandono e falta de amor, voltassem correndo, cada vez que eu olhava para ela.

Os pais de Julia, que eram ótimas pessoas, também deixaram bem claro que eu não seria bem-vindo em sua casa a menos que tivesse um emprego estável ou fosse para a escola, então me matriculei em um programa geral de contabilidade e administração de escritório em uma nova escola de Negócios. Era um curso de dois semestres com aulas de meio período, e eu trabalhava em consertos de alvenaria durante a outra metade do dia para ganhar mais dinheiro. Para minha total surpresa, descobri que o aprendizado veio naturalmente para mim. Nunca me considerei capaz de aprender porque muitas vezes me disseram que *"nada de bom sairia de mim"*.

Será que eu realmente não era um idiota? Será que eu tinha outros caminhos na vida disponíveis além do crime? Eu me permiti pensar nesses pensamentos por uma fração de segundo, mas eles desapareceram tão rapidamente quanto surgiram em minha mente.

Continuei com o mesmo estilo de vida e usei estimulantes na escola para me ajudar a concentrar.

Durante meus anos escolares, lutei com problemas comportamentais por causa de minha vida doméstica instável e caótica. Estive em dez escolas diferentes entre a primeira e a décima série, principalmente devido à minha atitude violenta e rebelde. Mas, na minha nova escola de administração, tive um professor de matemática maravilhoso que mudou completamente minha perspectiva. Ele me ensinou que entender matemática só exigia colocá-la em um contexto com o qual eu pudesse me identificar. Algo que me importava. Estávamos estudando percentagens na época e tudo que eu pensava era em melhorar meu negócio de drogas. Por fim, pude calcular meus lucros sem esforço e visualizar como as porcentagens se relacionavam ao meu negócio. A partir daí me destaquei em matemática, e até fui convidado pela professora para vir dar algumas aulas.

Num sábado à noite, compartilhei meus novos e emocionantes planos com um amigo, depois de festejar a noite toda. A surpresa em seu rosto foi inestimável e inesquecível.

"Ensinar?! Você?" ela riu alto, soprando uma nuvem de maconha.

Ensinei na escola naquela tarde e meu professor ficou muito satisfeito comigo. Eu estava orgulhoso de mim mesmo. Apesar de estar cheio de cocaína na noite anterior, fiz um trabalho bastante decente. A partir daí, só tirei nota máxima no primeiro ano, acabando por fazer um curso mais intensivo de finanças e gestão, que adorei. Adorei os paralelos entre minhas atividades ilícitas e minhas novas habilidades de gestão. Eu estava no controle. Sempre garantindo que estávamos no lucro. Eu estava subindo a escada financeira do submundo e me sentia mais confiante do que nunca.

Eu tive que ser ainda mais discreto com meus negócios duvidosos depois que fui morar com Julia. Os pais dela finalmente estavam afetuosos comigo, ou pelo menos pensei que sim. Eles eram gentis e se tornaram como uma segunda família, e depois do meu primeiro ano de escola, a mãe de Julia, Joan, me ajudou a conseguir um emprego de meio período como contadora na companhia aérea onde ela trabalhava. Minha vida parecia estar melhorando e finalmente tomando um rumo mais positivo, mas, infelizmente, meu relacionamento com Julia começou a se deteriorar rapidamente.

Fiquei cada vez mais dominado pelo ciúme e pela paranóia, e minhas loucas inseguranças às vezes até me levavam a deixar o trabalho pela manhã para espiná-la. Uma vez, até estacionei perto, entrei em casa silenciosamente e entrei em nosso quarto, apenas para encontrar Julia dormindo pacificamente em nossa cama. Mesmo assim, apenas um pensamento paranóico passou pela minha cabeça

Te pego na próxima vez!

Nunca me ocorreu que talvez eu estivesse errado e ela fosse inocente. Por que ela não me trairia como todo mundo fez? Como ela poderia amar alguém como *eu* o suficiente para ficar? Eu estava convencido de que era apenas uma questão de tempo até que ela me deixasse, e o medo do abandono me consumia dia e noite e destruía nosso relacionamento. Nossas discussões tornaram-se mais intensas e lutamos incansavelmente. Às vezes, eu ficava com tanta raiva que tinha que sair correndo de casa só para liberar um pouco da tensão e da fúria reprimidas. Eu me recusei terminantemente a me tornar como aqueles personagens malvados e abusivos do meu passado, especialmente os namorados de baixa renda da minha mãe.

Meu trabalho na companhia aérea estava indo bem, mas então Julia e eu começamos a nos separar e a voltar a ficar juntos quase semanalmente e, eventualmente, alguma coisa teve que acontecer.

O ciúme e a insegurança destruíram nosso amor e terminamos nosso relacionamento.

Eu estava sozinho, de novo.

17
VOCÊ FOI AVISADO

Certa manhã, aos 23 anos, em abril de 2002, recebi um telefonema que mudaria tudo como eu conhecia. Era um detetive da polícia de Reykjavik.

Ele me pediu para ir para interrogatório.

"Por quê?" eu perguntei, sabendo muito bem que tinha acabado de me envolver em uma briga no centro da cidade algumas noites antes.

"É sobre um jovem que sofreu uma fratura no crânio", explicou o detetive. "Há alguém aqui que afirma ter visto você dando uma cabeçada nele e arrancando os dentes dele. Você precisa vir para prestar depoimento. À princípio isto aconteceu no domingo, 7 de abril."

Concordei educadamente em ir à delegacia, mas meu sangue gelou quando o policial acrescentou que a vítima havia sofrido um grave sangramento cerebral.

Eu estremeci. A realidade bateu... bem na minha porta.

Ao me sentar em frente ao policial, percebi que a briga em que havia me envolvido havia se tornado muito mais séria do que eu imaginava. Eu nunca quis que isso terminasse tão mal e fiquei em choque total. Tomei uma decisão mentalmente, naquele momento: precisava parar com meu estilo de vida maluco e festeiro, parar de beber e parar de andar pelo centro da cidade. Estava ficando fora de controle.

Saí dos meus pensamentos quando o policial mencionou que uma das vítimas havia sido brutalmente chutada repetidamente enquanto estava totalmente indefesa, no chão.

"Bem, não tenho ideia do que você está falando, eu não estava nem perto de lá naquela noite." Eu insisto.

"Então de onde é esse corte na sua testa?" o oficial perguntou cético, apontando para minha cabeça.

"Eu bati minha cabeça no armário da cozinha." Eu menti.

Tive sorte de não me examinarem mais de perto... Ainda tinha um fragmento do dente da frente do cara preso no ferimento da minha testa.

Mantive-me firme em minha resistência.

"Você tem certeza absoluta disso, Baldur?" o policial pressionou, inclinando-se para mim, obviamente ainda sem acreditar em uma palavra do que eu estava dizendo.

"Sim, cara, tenho certeza!" Eu respondi insolentemente.

Depois da entrevista, resolvi visitar o cara que tinha ido à polícia. Seu nome era Bjorn. Eu não ia deixar o cara escapar impune dessa besteira, nos delatando como uma galinha. Afinal, ele e seus amigos chutaram um homem enquanto ele estava caído. Eu iria fazê-lo entender que precisava retirar as acusações. Mas antes mesmo de eu chegar à casa dele, recebi um telefonema de uma figura notória do submundo, avisando-me para deixar Bjorn em paz.

"Ele vai retirar as acusações?" Perguntei.

"Não, ele não irá", respondeu o homem.

"Bem, então diga a ele que vou ter que vir e acabar com ele!"

Furioso, fui direto para a casa de Bjorn, prendi-o contra a parede e dei um último soco no rosto dele. Eu o avisei que se ele não retirasse as acusações *imediatamente*, outros iriam atrás dele também. Ele deslizou para o chão, derrotado, e eu saí rapidamente, antes que alguém pudesse me ver.

Permaneci forte e decidido em minha decisão de ficar longe da cena do centro da cidade e parar de beber. Eu mantive minha promessa a mim mesmo: chega de bebida. Eu estava determinado a evitar entrar em mais besteiras exageradas como essa de novo!

Meus dias de festa continuaram, porém, à medida que minha formatura na escola de administração se aproximava. Todo fim de semana de alguma forma sempre se transformava em uma festa no apartamento, e eu invariavelmente terminava cada noite com uma dose de cocaína para neutralizar a onda sonhadora do êxtase. Então, durante a semana, eu me embebedava com metanfetamina e terminava meus trabalhos escolares. Descobri que os estimulantes, como a metanfetamina, me ajudavam a me concentrar. Provavelmente porque tenho TDAH. Eles me permitiram ficar quieto e terminar as tarefas, o que eu nunca conseguiria fazer sem eles. Muitas vezes me perguntei como minha juventude poderia ter sido diferente se eu tivesse sido diagnosticado e recebido tratamento adequado para minha condição.

No início de maio, com o sol da primavera brilhando forte, terminei o trabalho por volta do meio-dia e comecei a refletir sobre minhas realizações e sucesso – eu estava prestes a me formar, trabalhava na Icelandair há um ano inteiro e meu relacionamento com Julia havia melhorado. Parecia que poderíamos realmente voltar a ficar juntos e fazer funcionar. Mas, como sempre, em vez de focar nesses aspectos positivos, minha mente desviou-se para um pensamento mais negativo de auto-aversão - algo ruim *deve* estar para acontecer. Simplesmente não era possível que as coisas corressem tão bem para mim! Os ecos do meu passado, novamente, lançando sombras no meu presente.

Foi quando recebi um telefonema de Lara, minha tia, e mãe de meu primo próximo, Aaron, que eu havia perdido no oceano tão jovem.

"Baldur, querido, sonhei com você ontem à noite."

Ela tinha minha atenção.

"Foi tão vívido. Você estava andando pelo centro da cidade, nosso querido Aaron estava lá conosco e estávamos seguindo você de perto. Baldur... ele estava absolutamente aterrorizado por você! Ele me dizia: 'Mãe, por favor! Você precisa dizer a Baldur que ele precisa parar com isso! Tudo isso! Tudo! Agora!"

Ela fez uma pausa e respirou longa e profundamente. "Baldur, querido. A voz do meu sonho me disse que você não deve ir ao centro da cidade!"

"Está tudo bem, Lara, parei de fazer tudo isso", eu disse.

"Não, escute! Você precisa acabar com tudo isso", ela me implorou. "A voz no meu sonho disse isso! Foi o nosso Aaron."

"Eu sei. Estou pronto. Desisti totalmente de tudo isso", respondi.

Mesmo enquanto dizia isso, eu sabia que não estava pronto para largar tudo de uma vez por todas. Posso não ter desistido do vício em drogas, mas parei de andar pelo centro da cidade, isso estava claro para mim. Ao mesmo tempo, porém, o sonho dela me fez sentar e realmente pensar, porque aconteceu num momento em que eu estava tendo pesadelos. Daqueles horríveis.

Todas as noites eu tinha o mesmo sonho. Uma figura negra iminente abria a porta do meu quarto e rastejava lenta e ameaçadoramente em direção à cabeceira da minha cama. Sempre me senti acordado, mas estava totalmente incapaz de me mover, paralisado pelo medo. Era como se eu estivesse preso em algum lugar entre dormir e acordar. Assim que esse ser sombrio me alcançasse, ele me agarraria pela garganta e eu simplesmente ficaria ali deitado, congelado em terror absoluto.

Foi a pior coisa que eu poderia imaginar – estar completamente impotente e indefeso. Foi tão ruim que comecei a dormir bem na beira da cama e, se o pesadelo começasse, eu tentava cair da cama para acordar. Alguém, ou alguma coisa, parecia estar tentando me avisar, não apenas no sonho de Lara, mas no meu próprio.

Retrospecto.

Eu deveria ter ouvido o aviso, porque não muito tempo depois, uma verdadeira tragédia aconteceu.

Meu telefone tocou tarde em uma noite de sexta-feira. Meu amigo Gary, que sempre foi travesso, muito impulsivo e sempre disposto a ir a uma festa, me telefonou para me convencer a ir ao centro da cidade com ele.

"Ah, vamos lá, cara", ele insistiu, "vai ser uma noite incrível. Vou passar na sua casa primeiro."

Depois de algumas risadas e persuasão, acabei cedendo. Bebemos algumas cervejas, cheiramos algumas carreiras e fomos passear pelos bares no centro de Reykjavik. Foi uma noite como muitas outras, cheia de toda a diversão e caos de sempre, e já era madrugada quando decidimos passar por uma discoteca chamada Spotlight. O local estava fechado, mas decidimos esperar do lado de fora até que o segurança nos deixasse entrar.

Foi fora desta boate, nesta noite fatídica, que Gary e eu brigamos com um jovem, que terminou na mais terrível tragédia.

Algo que nunca, jamais poderá ser desfeito.

Na época, não tínhamos ideia da gravidade da lesão, até que o segurança do clube se aproximou de mim lá dentro, parecendo muito estressado.

"Baldur, o cara está gravemente ferido, cara. É mau. Você precisa se entregar!"

Meu estômago se revirou com uma ansiedade doentia.

"O que você quer dizer com gravemente ferido? Tem certeza?"

Entrei em pânico, entrei em pânico e saí da festa com muita pressa, sabendo que a polícia provavelmente já estava me procurando. Consegui uma carona até a casa de Stan. Ele claramente tinha acabado de acordar quando atendeu a porta.

Gaguejei, delirando e com dificuldade para respirar.

"Stan! Eu... eu posso ser responsável pela morte de alguém..."

"Baldur, vamos lá cara... relaxe! Sempre pensamos isso! Entre." Stan tentou me acalmar.

"Não. Dessa vez é diferente! Acho que ele vai morrer!"

"Respire meu amigo. Você sabe que muitas vezes parece assim mas não é."

Orei fervorosamente para que Stan estivesse certo e, ainda tremendo, sentei-me e fumei um cigarro com ele, mas mesmo o efeito do haxixe não conseguiu acalmar meu medo e ansiedade que me consumiam.

Quando não consegui mais falar, deixei Stan e passei na casa do meu amigo Palmer. Ele havia trancado as chaves dentro do carro novamente e, sem ter ideia da minha situação, me pediu ajuda porque eu sabia como destrancar carros usando um cabide.

Enquanto dobrava o cabide como um gancho improvisado, parei, olhei nos olhos dele e disse:

"Acho que acabei de matar alguém."

"O que? O que você quer dizer?!" Palmar engasgou.

"Eu briguei com um cara no centro da cidade. É ruim... acho que o cara está gravemente ferido."

"Alguém sabe que foi você?"

"Sim." Comecei a chorar: "Todo mundo".

Eu respirei trêmulo.

"Eu tenho que me entregar."

Palmer olhou para mim com afeição preocupada. Destranquei o carro, nos abraçamos e saí.

Fiquei acordado a noite toda em estado de choque total e, quando a realidade bateu à minha porta na manhã seguinte, me derrubou. A polícia estava realmente procurando por mim, e o jovem que Gary e eu havíamos espancado ainda estava no hospital e em péssimo estado.

Eu desabei, de alguma forma dirigi até a casa do meu tio e acabei chorando desesperadamente em seus braços.

"Já fiz coisas muito piores no passado", gritei. "Por quê? Por que ele? Por que agora? Por que assim?"

Pensamentos desesperados e perguntas sem resposta giravam em torno da minha cabeça, e só muito mais tarde naquele dia é que consegui me recompor, parar de chorar e reunir forças suficientes para pedir ao meu tio Harold que me levasse à delegacia de polícia em Keflavik, então que eu poderia me entregar.

Quando entrei não havia ninguém na recepção, então tive que gritar para chamar a atenção do oficial de plantão.

"Oi, o que posso fazer por você?" ele perguntou preocupado.

"Estou me entregando!" eu deixei escapar.

"Pelo que?"

"Assalto e bateria".

"OK. É um pouco tarde para hoje. Você pode voltar na segunda-feira?"

Que diabos! Sua resposta me pegou totalmente desprevenido. Eu sabia que a polícia de Reykjavík estava me procurando por toda a cidade.

"Mas... eu sou procurado."

Demorou o que pareceu uma eternidade para o oficial entender a situação. Fiquei ali tremendo.

"Oh! Certo!" ele percebeu: "Espere um momento, por favor".

Por fim, o policial falou ao telefone com seus colegas na cidade e, após alguns momentos de silêncio, sua expressão mudou drasticamente. Em segundos, dois policiais entraram correndo e me prenderam, me apoiaram contra a parede e algemaram minhas mãos com força nas costas.

Eles me empurraram e me trataram como um criminoso perigoso, colocando-me em uma cela antes de me levarem para a cidade. Em Reykjavík, fui imediatamente levado perante um juiz, que me condenou a onze dias de prisão, antes de ser transferido para segurança máxima, onde fui colocado na solitária.

Quando a porta da cela se fechou, as palavras de Lara ecoaram em minha mente -

"A voz em meu sonho me disse que você *não* deve ir ao centro da cidade, Baldur."

O aviso do além não poderia ter sido mais claro.

Foi tudo *um sonho muito ruim.*

18
DIA DO JULGAMENTO

Olhei ao redor da minha cela de prisão.

Era minúsculo, com paredes manchadas de um amarelo imundo devido a anos de fumaça de cigarro. Havia um banheiro no final da minha cama e uma escotilha na porta para que a comida fosse passada para mim. Recebi um macacão vermelho marcado com o nome da prisão. Fui literalmente marcado.

Meu primeiro dia em confinamento solitário pareceu uma eternidade absoluta. Quando não estava fazendo ginástica para passar o tempo, ficava sentado olhando para o teto por horas com os olhos vazios. No entanto, eu tinha permissão para sair para um pequeno cercado sem teto, durante uma hora por dia, para que pudesse pelo menos ver o céu por um tempo.

Depois de alguns dias, decidi pedir ao meu advogado que me trouxesse minha Bíblia e comecei a orar. Rezei e rezei, com todas as forças que pude reunir, para que o rapaz que espanquei sobrevivesse. Mas por mais que eu orasse, a culpa angustiante ainda me consumia. *Se ao menos* eu tivesse ouvido minha intuição e feito escolhas melhores naquela noite. *Se ao menos* eu não tivesse ido à boate Spotlight. *Se ao menos* eu tivesse prestado atenção ao que minha tia Lara me contou.

Se ao menos...

Na tarde de sábado da semana seguinte, depois de dias de esperança e oração, um guarda da prisão finalmente me entregou um telefone pela escotilha da porta da minha cela.

"Olá, Baldur."

"Olá?!" Eu sussurrei.

Pude perceber pelo tom de voz do meu advogado que ele não tinha as boas notícias que eu esperava.

"Lamento dizer que o caso piorou, Baldur. Receio que o menino tenha morrido hoje."

Engoli em seco e empurrei o telefone de volta pela escotilha como se estivesse pegando fogo. Depois fiquei ali sentado, imóvel, sem respirar, envolto numa escuridão profunda e infinita. Quando ouvi a escotilha da porta da cela se fechar, senti como se a porta do meu futuro estivesse trancada de uma vez por todas. Estava tudo acabado.

De alguma forma, sobrevivi durante os dias que se seguiram e, alguns dias depois, os guardas me disseram que eu seria transferido para a 'População Geral'. Isso significava que eu me mudaria para a própria prisão e para um bloco de celas com outros dez presos. Embora ainda fosse uma prisão, parecia uma liberdade em comparação com o silêncio ensurdecedor e os sentimentos esmagadores de vergonha que suportei no isolamento. Enquanto eu me vestia para sair, os guardas me devolveram minhas coisas e o maço de dinheiro que eu tinha comigo quando fui preso. Eles me avisaram para esconder o dinheiro e me deram dicas para a sobrevivência da 'minha geração'. O discurso deles me colocou em modo de autodefesa e caminhei até meu novo bloco de celas com os punhos cerrados e uma parede invisível impenetrável ao meu redor. Senti como se estivesse sendo transportado para a cova dos leões, onde teria que lutar pela minha sobrevivência.

Porém, quando conheci os outros presos, percebi que eles eram apenas caras comuns, como eu. Mas também percebi que era importante não revelar quaisquer fraquezas, tal como aprendi com o tráfico de drogas em Reykjavík. Quando criança, vagando entre as casas de parentes, desenvolvi um verdadeiro talento para ler o que me rodeava - aperfeiçoei-o para se tornar uma bela arte.

Não demorou muito para que eu fosse atacado pela primeira vez. Enquanto jogava futebol na academia, esfreguei na cara do outro time que estávamos ganhando. Digamos apenas que não caiu muito bem. Ao me afastar de um dos caras que estava me provocando, senti alguém se aproximando de mim por trás, me agarrando com força pela cintura e me levantando. Reagi rapidamente, virando-me, jogando-o no chão e agarrando-o pelo pescoço. Quando os guardas chegaram, tudo estava acabado. O cara saiu da academia e meu time voltou a fazer gols. Eu sabia que ficaria neste lugar por muito tempo e precisava mostrar a eles do que eu era capaz. Eu não podia deixar os outros pensarem que eu cederia a alguém.

Depois desse incidente, fui designado para dividir o corredor com um vendedor de carros, chamado Tommy, que havia recebido uma sentença de 12 anos. A mais longa sentença relacionada a drogas já proferida na Islândia. Tommy estava no topo do jogo do tráfico de drogas na prisão e rapidamente formamos uma parceria fácil e lucrativa. Assim que cheguei lá, eu sabia que teria que ficar sóbrio, mas poderia facilmente conseguir algum dinheiro extra vendendo drogas lá dentro. Eu adquiriria os medicamentos e ele cuidaria das vendas, com os lucros divididos entre nós.

As drogas eram contrabandeadas para dentro da prisão, escondidas dentro das mulas que as transportavam. Quando digo "dentro", quero dizer que estava escondido no ânus. Então, logo no início, quando a embalagem de uma remessa quebrou, contaminando o produto com matéria fecal e um odor horrível, nossas vendas despencaram. Basicamente, cheirava a coisa ruim. Expressei minhas preocupações, mas o maluco do Tommy, como sempre, permaneceu otimista e sugeriu que simplesmente reduzíssemos o preço.

"Ninguém vai acreditar nessa coisa nojenta", eu ri.

"Oh, por favor! Posso vendê-lo num piscar de olhos!" ele respondeu com um sorriso malicioso.

Não demorou muito para que Tommy obtivesse um grande lucro com o Speed fedorento. Ele o vendia principalmente para usuários de drogas intravenosas na prisão, que não percebiam o odor. Nosso método pouco convencional de contrabando não se limitava às drogas. Tommy até conseguiu uma vez levar um celular para a prisão, um Nokia 5110 enorme e antigo, com uma bateria enorme.

"Como diabos você colocou aquela coisa aí dentro?" perguntei, lutando para não rir.

"Eu apenas sentei nele", ele brincou, me fazendo dar risada histérica.

"Pena que foi logo antes da minha consulta com o quiroprático."

"O que !?" Eu não conseguia parar de rir.

"Durante a consulta, enquanto ele me torcia para ajustar minhas costas, o maldito telefone pressionou minha bexiga e eu me mijei." ele riu.

Nós caímos na gargalhada; a situação não poderia ter sido muito mais absurda.

Apesar do desconforto inicial de "carregar" o telefone desta forma, foi um fantástico golpe de sorte. Os telefones normais da prisão sempre foram monitorados, mas não o nosso gigantesco Nokia, o que tornou muito mais fácil levar nosso produto para dentro dos muros da prisão. Infelizmente, muitos anos depois, após passar algum tempo na prisão, Tommy morreu acidentalmente. O esquadrão antidrogas o pegou com uma grande quantidade de cocaína pura. Ele engoliu tudo de uma vez, mas a embalagem em que estava embrulhado explodiu dentro dele e o matou.

Mais tarde, formei uma nova parceria com um cara chamado Karl, que havia sido preso em uma das maiores apreensões de drogas da história da Islândia. Clicamos imediatamente, ele começou a me fornecer produtos para vender e dividimos os lucros. Estávamos praticamente nadando naquela coisa e, infelizmente, eu também comecei a usar novamente. Usávamos Ritalina e speed para negociar com outros presidiários, mas isso não agradou muito ao diretor da prisão, Cole, que lidava diariamente com um problema repentino e desenfreado com drogas. Quase todos os presos estavam reprovados nos testes de urina para drogas, então tínhamos que ser muito astutos e tortuosos em nossas negociações internas.

Dezoito meses depois, no início de 2003, fui transportado para o Supremo Tribunal para enfrentar cinco juízes. Sempre que era levado a um tribunal, sempre levava minha Bíblia comigo. De alguma forma, isso me deu algum tipo de segurança e fé de que eu poderia deixar tudo isso para trás. No caminho, sentei-me em uma pequena jaula na traseira de um Land Cruiser, com guardas na frente, todos separados por grades. Abri minha Bíblia e procurei o Livro de Jó: o homem que havia perdido tudo. Isso ressoou profundamente em mim. Eu não esperava boas notícias da Suprema Corte e estava me preparando para uma sentença pesada, mas não tinha ideia de quão pesada seria. Minha família e amigos apareceram para me oferecer apoio no tribunal. O juiz me instruiu a ficar de pé. Levantei-me e me preparei para o pior.

"O acusado, Baldur Freyr Einarsson, é condenado a seis anos de prisão, com pena cumprida a partir de 26 de maio de 2002",

Ele continuou, mas não consegui ouvir uma palavra.

A sentença me pintou como um criminoso violento e implacável, sem circunstâncias atenuantes.

Fiquei total e totalmente arrasado.

A sentença de Gary foi aumentada de dois para três anos, pois ele tentou transferir a culpa para mim antes do veredicto. Eu o odiei por isso. O médico legista que realizou a autópsia apoiou minha afirmação de que eu havia infligido poucos golpes, enfatizando que foi o chute final de Gary que fez a vítima cair e bater com a cabeça, acabando por matá-la.

Fiquei paralisado, profundamente decepcionado com meu advogado. Minha mãe veio me confortar e perguntou se eu queria falar com ele.

"O que diabos eu teria a dizer a ele?" — gritei, jogando minha Bíblia no chão, exausto e frustrado. Parecia-me que Deus tinha obviamente me abandonado completamente, e eu não conseguia imaginar como as coisas poderiam piorar. Foi nesse mesmo dia que ouvi falar do que aconteceu com Tommy, após sua libertação da prisão. Minha liberdade foi arrancada de mim, mas pelo menos eu ainda estava vivo.

19

DENTRO

À medida que o tempo passava lá dentro, Cole, nosso determinado e muito agitado Diretor, tornou-se cada vez mais consumido pela raiva diante da situação desenfreada das drogas. O aumento repentino e muito óbvio da atividade com drogas dentro dos muros da prisão o confundiu completamente. Numa tentativa desesperada de impedir isso, ele organizou a transferência de Karl, meu parceiro comercial e um notório encrenqueiro, para uma prisão no norte da Islândia. Não passou de uma jogada tática no jogo dele, mas só me irritou mais.

Então, decidi mudar um pouco as coisas para se adequar ao meu jogo e fazer com que um preso chamado Larry trocasse de corredor com um cara novo chamado John, que ouvi dizer que seria uma vantagem. O diretor Cole obviamente percebeu meus planos, me convocou ao seu escritório e perdeu completamente a calma.

"Baldur, quem está no comando desta prisão *sou eu, não você!*" ele berrou, batendo repetidamente em sua mesa. "Eu decido quem vai aonde, *não você!*"

Eu mantive a cara séria, mas ri para mim mesmo.

"Não tenho certeza do que você está falando, Cole", respondi educadamente.

"Você sabe muito bem o que quero dizer, Baldur, e vou garantir que você não se esqueça disso!" ele ameaçou furiosamente.

Após esse encontro bizarro, marchei rindo direto para o meu corredor e me aproximei de Larry. "Cara, você está se mudando para o 2B. Eu sei que os caras de lá farão você se sentir em casa."

Ele concordou e imediatamente apresentou um pedido de transferência, e o diretor furioso, alheio à minha influência, aprovou-o. Assim que Larry saiu da cela, espalhei a notícia: se alguém além de John tentasse entrar em nosso corredor, iria se arrepender.

Depois de semanas desse impasse, gostei muito de ver Cole engolir suas próprias palavras e, finalmente, transferir John para a cela agora vaga no terceiro andar.

Os guardas também eram geralmente muito vingativos e sedentos de poder, e nos últimos anos deixei bem claras publicamente as minhas opiniões sobre o tratamento durante a minha "estadia correcional" na prisão. Eles podem ser desumanos e às vezes totalmente maliciosos. Certa vez, dei a um dos oficiais de plantão uma dificultada ao dar em cima de sua sobrinha. Pedi ela em namoro, só para irritá-lo. Quando ela veio me visitar, os guardas garantiram que só pudéssemos nos ver com vidro entre nós, para evitar qualquer contato íntimo.

"Vou engravidá-la", disse aos meninos. "Então farei parte da família dele e ele nunca se livrará de mim".

O riso encheu a sala.

Nosso relacionamento continuou e quando a prisão começou a bloquear meus esforços para vê-la, até levei minha história aos jornais.

"A prisão está abusando dos direitos deles e me impedindo de ver minha namorada..."

Para ser sincero, a ala de visitantes podia ser um local muito interessante, com, muitas vezes, sons de prazer tão altos e intensos que tornavam quase impossível qualquer conversa com os visitantes, hilariantemente quase impossível.

Essa era minha vida diária lá dentro. No que me diz respeito, foi uma guerra total entre nós, Cole e os guardas. Eu me sentia cada vez mais confiante e meus esforços para conseguir drogas de qualquer maneira que pudesse começaram a ficar mais ousados. Um dia, marquei uma consulta com um médico da cidade para tratar do meu eczema. Fiz a viagem sob supervisão rigorosa, mas na noite anterior consegui que um dos meus contatos do lado de fora escondesse discretamente 150 comprimidos de ecstasy cuidadosamente embrulhados na lixeira do banheiro do médico. Tínhamos contrabandeado tanta molly que a prisão estava praticamente virada de cabeça para baixo e agora precisávamos de mais.

Quando cheguei, pedi licença e fui ao banheiro, onde os comprimidos supostamente foram escondidos uma hora antes. Virei a lata de lixo de cabeça para baixo e esvaziei seu conteúdo no chão.

Nada.

Tremendo de ansiedade, saí e entrei no banheiro adjacente, minha esperança diminuindo a cada segundo que passava. O que o revendedor fez? Com meu estresse e frustração aumentando, voltei ao consultório médico e terminei minha consulta, determinado a ligar para o traficante assim que saísse e desvendar o mistério do desaparecimento do êxtase.

Quando voltei à prisão, fui submetido a outra revista minuciosa e desconfortável por parte dos guardas. Eles foram meticulosos e não deixaram pedra sobre pedra, vasculhando todos os esconderijos possíveis, mas não encontraram nada. Estava claro - o dealer me abandonou.

Ainda desconfiado, o Diretor Cole foi até minha cela, com um sorriso sardônico no rosto já ameaçador.

"Calce os sapatos, você está sendo encaminhado para uma busca mais completa na clínica médica"

Qualquer frustração persistente com o desaparecimento dos comprimidos sumiu. Qualquer que fosse a "busca abrangente" que o diretor tinha reservado para mim, seria infrutífera. O alívio tomou conta de mim - eu tinha sido muito descuidado, mas ia ficar bem.

Chegando à clínica, fui obrigado a me deitar enquanto um médico realizava um procedimento extremamente invasivo, enfiando uma câmera no meu reto. Depois, ouvi a conversa do médico ao telefone.

"Ele está limpo como um apito", informou ao meu amigo, o diretor.

Quase pude sentir a raiva do outro lado da linha.

Ao regressar à prisão, os guardas confinaram-me imediatamente numa cela dedicada a revistas corporais. Algo suspeito definitivamente estava acontecendo.

Após uma breve espera, uma série de guardas entrou na cela para o que chamaram de "busca de segurança".

"O que é uma *busca de segurança?*"

Eu nunca tinha ouvido esse termo em todo o meu tempo lá e comecei a me sentir desconfortável com a presença de tantos guardas.

"Fique em pé com as pernas afastadas e os braços para cima!" — disse Thomas, que por acaso era irmão do diretor.

Hesitantemente, assumi a posição.

Os guardas se alinharam ao meu redor, prontos para agarrar meus braços e pernas. Fiquei completamente perplexo e não tinha ideia do que aconteceria a seguir. De repente, Thomas começou a revistar todo o meu corpo. Depois de me apalpar completamente, de cima a baixo, ele se agachou para apalpar minhas pernas, olhou-me diretamente nos olhos e agarrou minha virilha.

"Bem, você não é forte como um cavalo?" ele disse com uma voz sardônica.

Então percebi por que os guardas estavam tão perto dos meus braços e pernas. Eles pensaram que eu iria enlouquecer e perder a paciência para que pudessem me jogar na solitária.

"Você é um pervertido nojento!" Eu gritei com ele. "Como você ousa me tocar desse jeito!"

Eu olhei para os guardas ao meu redor.

"Vocês são todos testemunhas!"

Eles olharam para baixo e permaneceram em silêncio. A atmosfera estava carregada. Olhei para Thomas, usando toda a minha força para não apenas dar uma joelhada em seu rosto.

"Você terminou?"

Desconfortáveis, os guardas saíram da cela um por um.

"Thomas, você percebe que isso é agressão sexual, não é? Vou prestar queixa."

Ele fez uma pausa, virou-se e saiu sem responder.

Marquei imediatamente uma consulta com o psiquiatra da prisão e contei-lhe a minha história antes de denunciar Thomas à polícia.

Claro, eu sabia que o assédio sexual não era o jogo deles, eles só queriam me degradar, fazendo-me perder a paciência e atacá-los. Mas decidi aproveitar esta mudança inesperada e tortuosa nas suas tácticas, como uma oportunidade para virar o jogo contra eles.

Para lhes dar um gostinho do seu próprio remédio amargo.

20
DIA DA FORMATURA

À medida que os dias se transformam em semanas e as semanas em meses, de uma forma ou de outra, você de alguma forma encontra uma maneira de se adaptar às suas circunstâncias. A vida lá dentro era difícil, mas também teve seus momentos. Houve um guarda que passei a respeitar e confiar; seu nome era Jonathan. Ele supervisionava aqueles de nós encarregados do trabalho ao ar livre, uma tarefa que os guardas chamavam de "O Gulag".

Era tão monótono quanto inútil. Cavávamos um buraco ou uma trincheira rasa, organizando as pedras do paisagismo à esquerda e o solo que escavamos à direita. Concluída a tarefa, preencheríamos o buraco com as mesmas pedras e enterrávamos tudo com terra. Estar ao ar livre, mesmo com a futilidade das nossas tarefas, oferecia uma fuga bem-vinda da monotonia da vida na prisão. Participei de boa vontade em 'O Gulag', apenas porque me poupou do lento ritmo de lesma dentro dos muros da prisão.

Num dia ensolarado, enquanto eu entrava no galpão de trabalho na hora do café, para relaxar na cadeira em que sempre me sentava (e na verdade até pintei de dourado, de brincadeira), descobri que ela já estava ocupada por alguém que eu não tinha visto antes. Um recém-chegado. Fiquei irritado e, sem pensar duas vezes, disse-lhe para sair da minha cadeira.

"Não!", ele respondeu, rudemente.

Sua resposta me surpreendeu

"Saia da minha cadeira agora, seu idiota!" Eu fervi.

"Não." ele sorriu. "Novas pessoas, novas regras. Deixe isso para trás!"

Num piscar de olhos, ataquei o idiota e o joguei da cadeira, jogando-o contra a parede e deixando-o esparramado no chão. Pela expressão em seu rosto, acho que ele tinha plena compreensão do fato de que não estava em posição de estabelecer novas regras neste lugar.

No meio da briga, percebi que Jonathan, o novo guarda, havia saído silenciosamente do galpão e não estava em lugar nenhum. Estressado, presumi que ele tivesse chamado mais guardas e me preparei para um período de 24 horas na solitária. Depois de um minuto, ouvi passos se aproximando, a porta do galpão se abriu e para minha surpresa, era Jonathan, sozinho.

"Bem? Não deveríamos voltar ao trabalho, pessoal?" ele perguntou calmamente, aliviando a tensão tangível na sala.

Fiquei completamente perplexo. Por que Jonathan não me colocou na solitária? Eu sabia muito bem que isso poderia colocá-lo em sérios apuros. Meu rosto era apenas um grande ponto de interrogação quando saí do galpão, mas aquele dia marcou o início da minha confiança nele. Eu acho que eles não eram todos ruins. A partir daí começamos a conversar regularmente e senti com ele uma conexão interessante que só se aproximaria mais tarde.

Passamos horas conversando sobre tudo que existe sob o sol. Às vezes, ele abordava o assunto Deus e Jesus, e eu o provocava, tudo de uma forma divertida. Eu desisti de tudo isso. Afinal, que bem isso me fez?

O tempo que Jonathan passou conosco foi relativamente curto, mas ele tornou minha experiência na prisão muito mais suportável, embora o diretor e muitos guardas ainda estivessem constantemente atrás de mim.

Outra fonte de consolo para mim durante esse período foi minha irmã mais nova, Hanna. Estávamos sempre lá um para o outro. Quando ela era criança, talvez por volta dos sete anos, ela teve que escrever um poema para um projeto escolar, e eu a ajudei com isso. Ela sempre se lembrou disso e, durante meu tempo atrás das grades, ela fez um esforço extra para me fazer sentir bem, filmando um vídeo dela mesma recitando o poema, só para mim. Foi tão doce e me comoveu profundamente. Um gesto tão genuíno, sincero e amoroso de uma pessoa linda.

Durante todo o meu encarceramento, continuei estudando e acabei concluindo um curso universitário, o que foi uma grande conquista para alguém da minha família. No dia da minha formatura, fizemos uma festa com meus amigos, minha família e alguns de meus antigos amigos da igreja. Era um dia de sol belíssimo e Hanna me surpreendeu com um bolo fantástico, decorado com uma imagem de maçapão do personagem de desenho animado, "Johnny Bravo", (Hanna sempre achou que ele se parecia comigo) atrás das grades, em uniforme de prisão. Adorei como ela simplesmente me aceitou como eu era e sempre foi capaz de iluminar as coisas e fazer todos nós rirmos. Sophie, minha outra irmã, a essa altura, assumiu meu papel de cuidadora de nosso irmão mais novo, Daniel, e até deu meu nome ao primeiro filho – que honra. Um tempo depois, realizamos seu batismo na ala de confinamento solitário da prisão (apesar das repetidas recusas da administradora da prisão) porque ela insistiu que queria que eu segurasse o bebê neste momento especial. O amor e o apoio incondicional dos meus irmãos me mantiveram firme e, acima de tudo, me mantiveram são.

Durante meus últimos meses na prisão, continuei traficando drogas e entrando em conflito com o diretor, que me arrastava entre diferentes andares e celas numa tentativa inútil de "manter a disciplina e a ordem". Sempre que chegava a hora das minhas licenças diurnas, eu evitava quaisquer substâncias que pudessem ser detectadas em testes de drogas e usava Ritalina, opioides e ácido para manter minha fachada. Pouco antes de sair, solicitei uma moradia transitória e descobri que seria obrigado a trabalhar em período integral para permanecer lá. Também tomei a decisão de me matricular na faculdade de Direito da Universidade da Islândia e continuar estudando.

Para começar, um amigo meu, dono de um salão de bronzeamento no centro da cidade, concordou em me "empregar" e me dar um escritório onde eu pudesse administrar meu trabalho.

Na minha última noite na prisão, dormi surpreendentemente bem, muito aliviado por finalmente me livrar do Diretor e de seus asseclas irritantes. Eu mal podia esperar pela liberdade. A casa de recuperação onde eu ficaria tinha pouquíssimas regras. Eu só teria que estar em casa para jantar e ficar em casa nas noites de fim de semana. Nos dias de semana, eu precisava estar dentro de casa às 23h e não poderia sair antes das 7h da manhã seguinte. Isso me serviu muito bem; qualquer coisa era melhor do que onde eu estava.

No dia seguinte, arrumei minhas coisas e coloquei minha mala no porta malas do Land Cruiser da prisão, que me transportou na ida e volta da prisão inúmeras vezes. Uma sensação de euforia inacreditável, que as palavras não podem descrever, tomou conta de mim enquanto saíamos daquele portão, para longe daquele mundo sufocante.

Desta vez, eu não voltaria.

21
CASA DE RECUPERAÇÃO

Finalmente saí, mas durante meus oito meses em uma casa de reabilitação, quase imediatamente voltei aos meus velhos hábitos ruins. Comecei a usar novamente e com mais força do que nunca.

Também descobri um método infalível para trapacear nos exames regulares de urina. É incrível até onde as pessoas chegam quando algo tenta se interpor entre o usuário e seu barato. Pouco antes de cada teste, eu colocava um pequeno frasco cheio de urina limpa, discretamente entre as nádegas. O frasco tinha um tubinho que eu colocava embaixo do pênis, antes de vestir a cueca. Como num passe de mágica, apertando rapidamente as bochechas, eu transferia discretamente a urina limpa através do tubo e para o copo de teste, que entregava com um sorriso.

Depois de algumas semanas, aluguei um pequeno apartamento no porão e mergulhei de cabeça em meus negócios. Fiz ainda mais conexões enquanto estava lá dentro e até comecei a me interessar pela importação de drogas do exterior. Comecei a negociar grandes quantidades de drogas, no atacado, com uma rede de caras, e o dinheiro começou a fluir rapidamente, tornando flagrantemente óbvio para qualquer um que quisesse olhar mais de perto, que eu era mais do que apenas um estudante esforçado trabalhando meio turno em um salão de bronzeamento.

Com o passar dos meses, sem surpresa, os agentes antidrogas começaram a perceber. Certa tarde, fui ao apartamento de Palmer e encontrei dois homens de aparência muito tensa na escada. Eles bloquearam meu caminho, tiraram seus distintivos e os acenaram na minha cara.

"Divisão de Narcóticos!"

Naquele exato momento, eu tinha 50 gramas de cocaína na cueca.

"Hora de uma revista!"

"Claro, pessoal, sem problemas." Eu disse com indiferença, mas na verdade extremamente assustado.

Comecei tirando casualmente minha jaqueta e depois desabotoei as calças ali mesmo na escada. Eu sabia que a única maneira de evitar voltar para uma cela era agir como se não tivesse absolutamente nada a esconder. Fiquei ali com as calças nos tornozelos, fingindo indiferença e pronto para tirar a cueca, quando de repente um dos policiais me parou. Eles continuaram a busca, inspecionando os bolsos das minhas calças e da minha jaqueta, enquanto eu observava, rezando para que não notassem as protuberâncias incomuns em minha cueca. Apesar de não encontrarem nada, prenderam-me e colocaram-me numa cela em uma antiga esquadra nos arredores da cidade. Eles deliberadamente me mantiveram lá por muito tempo, para que eu chegasse atrasado à casa de recuperação.

Fiquei ali sentado, com a cueca cheia de cocaína, completamente surpreso pelo fato de não terem descoberto meu segredo. Enganar o esquadrão antidrogas parecia brincadeira de criança em comparação com vender drogas na prisão - esses caras eram fáceis.

Mais ou menos na mesma época, voltei a firmar parceria, lidando internamente com meu velho amigo, Karl. Nós realmente nos conectamos novamente e, em uma estranha reviravolta, que eu nunca poderia ter imaginado, acabei trabalhando em outra indústria do mercado negro.

Karl e eu abrimos um bordel.

Karl estava morando parcialmente no Brasil na época e começou a convencer as brasileiras que conheceu a virem para a Islândia e trabalharem para nós. Elas poderiam ganhar mais que o dobro trabalhando em Reykjavik do que no seu país de origem. Eu estava dentro. Decidimos o local, colocamos as meninas e estava tudo pronto.

Enquanto administramos o bordel, festejamos muito e, apesar de estarmos constantemente chapados, profundo nas drogas, sempre consegui ficar no controle das coisas e manter uma máscara de sobriedade. Muito poucas pessoas sabiam a verdade sobre meus problemas reais. O negócio avançou lentamente no início e comecei a pensar que talvez o negócio da prostituição não fosse tão lucrativo quanto esperávamos. Afinal, a maioria dos nossos clientes eram amigos e conhecidos, e isso simplesmente não estava sendo lucrativo o suficiente. Então, um dia, por capricho, decidi colocar um anúncio nas colunas pessoais de um site relacionado a 'Serviços para Adultos'. Com certeza funcionou, e a demanda aumentou a tal ponto que precisávamos de uma recepcionista em tempo integral para gerenciar nossas reservas. O que achei mais louco foi que nossos horários de maior movimento eram sempre durante o dia, principalmente por volta do meio-dia, e que muitos de nossos clientes eram homens de família. As meninas estavam muito ocupadas e nosso novo negócio estava florescendo.

A equipe da casa de recuperação muitas vezes ficava desconfiada e tentava me prender com exames de urina, mas nada acontecia; Passei por todos eles. Cheguei ao ponto de levar minha namorada para o meu quarto durante a noite e tirar ela pela janela na manhã seguinte, antes de eu sair. As únicas regras que respeitei foram as que eu mesmo fiz.

Eu tinha tudo sob controle. Ou assim pensei.

Numa manhã maluca, em 2006, eu estava no meu esconderijo no porão, depois de uma noite pesada de festa. Liguei para um amigo que estava guardando um pouco de LSD para mim e pedi que ele trouxesse. Estava meticulosamente embrulhado, com os papéis bem embalados. Rasguei-o assim que chegou, peguei seis e joguei direto na boca. Notei que as folhas de LSD pareciam um pouco grossas, mas como eu já estava num estado alterado, não percebi que cada uma delas eram na verdade vários papéis empilhados uns sobre os outros.

Eu os engoli antes mesmo de poder me questionar, e tinha tomado muito. É claro que eu já tinha passado por viagens ruins antes, mas desta vez fiquei tão chapado, tão rápido, que nem percebi até ligar para o 911. Mal consegui respirar no telefone antes de desligarem na minha cara. Eu era um caso perdido. A próxima coisa que percebi foi que me vi diante de uma parede de armários de madeira, completamente hipnotizado e me sentindo preso. Encontrei uma porta de ferro na sala e comecei a bater nela repetidamente. Tentei pedir ajuda, mas não consegui formar uma frase e minha fala ficou completamente distorcida, assustando minha namorada e outras pessoas da casa.

Quando a polícia finalmente chegou, eu estava em outro mundo – no meio de um colapso psicótico completo. Alguns policiais fizeram várias tentativas para me conter e me prender a uma maca. Eles me levaram às pressas para o pronto-socorro e recebi algum tipo de injeção para me acalmar.

Relatório médico de emergência, 4 de março de 2006.

Baldur é um homem saudável de 27 anos que chegou ao pronto-socorro acompanhado de vários policiais. Uma ambulância foi chamada à casa de Baldur. Ele estava extremamente agitado e, segundo a namorada, havia usado grandes quantidades de drogas nas últimas 48 horas. Comprimidos de ecstasy, speed, LSD, haxixe, cocaína e muito mais.

Diagnóstico: Intoxicação por drogas, medicamentos e substâncias biológicas não especificadas. T50.9

Aparentemente, fiquei no hospital por várias horas, mas quando acordei, me vi parado no meio de uma cela, sem nenhuma lembrança de como fui parar lá ou do que havia acontecido. Eu estava mais desorientado e confuso do que nunca em toda a minha vida, e isso me assustou.

Olhei para minhas mãos e vi que os nós dos meus dedos estavam cobertos de sangue.

Fiquei apavorado. O que eu fiz?

Atordoado e inacreditavelmente estressado, toquei a campainha dentro da cela e tentei falar no alto-falante

"Por favor... por favor, você pode me dizer o que aconteceu comigo?"

"Você não se lembra?" um policial finalmente respondeu

"Não! Eu machuquei alguém?" Perguntei com um nó na garganta, beirando as lágrimas.

"Apenas alguns policiais."

Foi um pesadelo vivo. Fiquei tremendo, esperando pelo que pareceu uma eternidade até que alguém voltasse e me dissesse o que fazer. Finalmente, o diretor da prisão apareceu.

"Baldur, você não está sendo acusado, mas há más notícias. O teste de drogas que você fez revelou tudo o que você está tomando"

Eu sabia o que isso significava: direto para a prisão.

27 anos e lá estava eu, de volta à cela e de volta ao limbo. A polícia recusou-se a me dizer quando seria libertado, mas consegui

durar seis meses no alojamento provisório, o que significava que só me restavam mais dois meses até cumprir dois terços da minha pena. Alguns funcionários contactaram-me e vieram até à prisão para me mostrar alguns papéis que queriam que eu assinasse. Eram papéis de liberdade condicional.

A responsável perguntou: "Por que, Baldur, seus testes deram positivo para todas as drogas imagináveis?"

"Hum... eu escorreguei um pouco."

"Sim, eu vejo isso. Você fornece amostras limpas há meses e, de repente, tudo isso aparece no seu sistema. Estranho..."

"Não consigo explicar, desculpe."

Ela me entregou o papel, olhando-me nos olhos. "Solicitamos que você seja colocado em liberdade condicional por drogas e álcool por um ano."

"É serio? Isso não é só para bêbados?" perguntei, irritado.

"Considerando os resultados dos seus testes, não iremos liberá-lo sem supervisão."

"Você está brincando comigo? Eu não tenho problemas com drogas!"

"É simples, Baldur, você só sairá em liberdade condicional se atender a essas condições."

"Ótimo, onde eu assino?" Eu retruquei.

Saí da reunião me sentindo atacado e irritado. Por que diabos eu estava sujeito a condições que normalmente só se aplicavam a presidiários que eram alcoólatras inveterados? Fiquei extremamente irritado, mas, ao mesmo tempo, fiquei tranquilo pelo fato de que pelo menos tinha uma saída.

Quando saí da prisão, era um dia ensolarado e para minha total alegria, havia uma limusine esperando por mim. Todos os meus amigos vieram me buscar com estilo e planejaram uma grande festa e uma viagem improvisada para Amsterdã. Olhei para o céu, coloquei meus óculos escuros, abracei meus amigos e enrolei um baseado. Fazer uma grande saída de exibição foi minha maneira de apontar o dedo para essas pessoas pela última vez. Um gesto final de desafio.

Embora nunca tenha demonstrado isso, demorei um pouco para recuperar as forças depois da passagem pela terapia intensiva e estava muito ciente de que precisava fazer grandes mudanças em minha vida. Eu ainda estava pisando em gelo perigosamente fino e, estando em liberdade condicional, não estava realmente livre. Uma das muitas vantagens de não ser mais constantemente monitorado, porém, era que eu poderia festejar sem o medo da polícia me incomodar. Nas nossas festas, as mesas eram abertamente cobertas com pratos cheios de todas as drogas que você poderia imaginar, e nossa brincadeira era cheirar uma carreira sem saber o que era e depois esperar que seus efeitos nos levassem à euforia. Eu estava nas nuvens e estava determinado a não permitir que a liberdade condicional me impedisse.

Eu estava livre e vivo, e assumi como missão espalhar positividade e garantir que todos se divertissem muito em minhas festas. Eu era o *Dr. Feelgood*. Sexo, drogas... e *mais* sexo e drogas. Já se foram os toques de recolher e as voltas matinais que me confinavam à casa de recuperação. Risos, luxúria, alegria e felicidade encheram o ar, enquanto eu compensava toda a alegria que perdi durante meus anos de encarceramento. Eu não era mais uma criança, mas quando a festa finalmente acabou, fui para outro lugar e simplesmente segui para minha próxima aventura, noite após noite, após noite.

Então, no que começou a parecer uma maldição, tive outro sonho estranho e vívido. Só que desta vez não havia nenhuma figura escura aparecendo. Eu vi quatro anjos na minha frente. Eles me pegaram e me ergueram até as nuvens, parando em frente a um grande relógio que parecia flutuar no céu. Enquanto eles me seguravam ali, ouvi uma voz poderosa e compassiva ressoando ao meu redor.

"Você está indo na direção errada. Você *deve* fazer mudanças."

"Mudar? Como?" Perguntei.

"Você precisa olhar para trás e estar em paz com tudo o que fez."

"E se eu não conseguir?"

Meu olhar foi rapidamente puxado de volta para o relógio. Fiquei hipnotizado e observei enquanto o ponteiro dos segundos começava a tiquetaquear alto.

Tick... Tack... Tick... Tack...

Eu engasguei e não consegui recuperar o fôlego - era como se o ar estivesse sendo sugado de mim e estivesse sufocando lentamente, e ainda assim, senti uma estranha sensação de paz e proteção dos seres que me seguravam. Comecei a ceder, a me render, e quando estava prestes a perder a consciência devido à felicidade da sufocação, o ponteiro dos segundos parou de funcionar - e acordei assustado.

Sentei-me, tremendo e suando. Eu estava exausto. Já era tempo. Eu sabia que precisava mudar, mas simplesmente não conseguia ver como. Eu estava muito envolvido.

Algo teria que acontecer.

O relógio estava correndo.

22

NOS MEUS JOELHOS

Em janeiro de 2007, algo aconteceu comigo.

Uma sensação repentina e inexplicável de medo total tomou conta de mim. Preocupado, inicialmente culpei o uso de drogas, então comecei a tentar monitorar e controlar minha ingestão de drogas, mas nada mudou e o medo persistiu. Especialmente quando eu estava sozinho.

Isso começou a atormentar minhas noites e me impediu de dormir. Eu me revirei e, eventualmente, comecei a ouvir vozes ao meu redor e a ver contornos de grandes figuras sombrias e ameaçadoras. Eu me senti preso. Isso começou a acontecer com tanta frequência que de repente fiquei com medo de ficar sozinho, porque sempre que eu estava sozinho, eles estavam lá.

Uma noite, completamente embriagado e induzido por drogas, essas entidades fantasmagóricas e sombrias até me perseguiram até o porto, me aterrorizando.

"Basta pular no mar, seu monstro! Acabar com isso! Veja o que você fez com todos ao seu redor!" eles respiraram.

Quando finalmente recuperei o juízo e acordei, me vi parado, tremendo, em um velho cais à beira-mar, cheio de paranóia. Tudo parecia tão real. Eu estava desesperado. Eu deveria estar me sentido ótimo, os negócios estavam prosperando, mas nada pelo que lutei com meu sangue, suor e lágrimas me trouxe a felicidade que eu esperava.

Na verdade, só me senti pior.

A ansiedade continuou todos os dias e, desesperado por algum tipo de alívio, recorri à espiritualidade. Fui a uma loja da qual ouvi falar, chamada 'Better Life', que vendia produtos espirituais e de autoaperfeiçoamento. Entrei com a mente aberta e comprei todo tipo de bugiganga de proteção espiritual que pude encontrar - cristais, CDs calmantes, pedras energéticas, sálvia ardente - realmente qualquer coisa que pudesse encontrar para tentar limpar e purificar meu apartamento.

A essa altura, eu já havia diminuído um pouco o consumo de drogas. Eu consumia menos cocaína, usava anfetaminas para me manter ativo durante o dia e só fumava maconha depois das 18h para me acalmar. Apesar disso, meu medo persistiu, embora eu ainda não conseguisse identificar exatamente do que estava com medo.

Um dia, depois de semanas sendo atormentado inacreditavelmente, decidi me recompor e ir para uma reunião de doze passos.

Subi as escadas até a sala de reuniões, meu moletom puxado sobre a cabeça, e caí em um sofá no fundo. A reunião começou e o moderador começou a destacar os indivíduos e a pedir-lhes que partilhassem. No meu estado completamente paranóico, estava convencido de que todos estavam se unindo contra mim. Eu odiava essas pessoas falsas. Por que eles não podiam simplesmente dizer as coisas na minha cara, em vez de velar seus comentários dessa forma condescendente e crítica? Minha paranóia e frustração foram completamente avassaladoras. Mas, por alguma razão, apesar do meu ceticismo e raiva, de alguma forma descobri um pequeno vislumbre de esperança naquele dia e decidi que daria outra chance a essas reuniões.

Escolhi meu patrocinador com cuidado, sabia que precisava de alguém com quem pudesse ser totalmente honesto, sem me preocupar em enfrentar o julgamento de alguém. Perguntei a um cara chamado Edward que eu conhecia desde os velhos tempos. Eu sabia que ele estava sóbrio há algum tempo e era um cara legal.

Eu estava com pressa, como sempre, e insisti em percorrer os doze passos o mais rápido que pudesse. Não tive tempo nem paciência para ir devagar.

Com o tempo, com a ajuda de Edwards, concluí as três primeiras etapas do programa de doze passos. Reconheci que era um viciado, que não tinha controle sobre minha vida, que nenhum poder humano poderia me salvar do meu comportamento viciante e, finalmente, aceitei que Deus poderia me ajudar, se eu me voltasse para ele.

Meu padrinho, Edward, me incentivou a orar -

"Agora é sua vez, Baldur! Agora vamos ficar de joelhos."

"O que, agora?"

"Sim! Agora mesmo!" disse ele.

Eu não tinha certeza. Ajoelhamo-nos juntos, apertamos as mãos e ele me conduziu na recitação da oração, um versículo de cada vez. Quando terminamos, Edward me parabenizou por completar os três primeiros passos, e eu fiquei orgulhoso de mim mesmo por encarar essas tarefas dolorosas de frente.

Além disso, tive que admitir para mim mesmo, depois de todo esse tempo, que era bom orar.

Eu me peguei pensando em como meus *joelhos* adquiriram um novo propósito! Edward sempre enfatizou a importância de se ajoelhar em oração todas as manhãs e todas as noites. No passado, eu usava meus joelhos principalmente para causar problemas, ferir e maltratar os outros, mas agora iria usá-los para me humilhar. Curar. Compartilhei essa revelação com o grupo em nossa próxima reunião e isso provocou algumas risadas.

"Acabei de descobrir que os joelhos não foram criados para bater na cara das pessoas, mas para se ajoelhar diante de Deus!"

Aos poucos, à medida que fui ficando mais animado com minha recuperação, comecei a frequentar reuniões diárias ao meio-dia e, às vezes, até sessões noturnas no mesmo dia. Então, como parte do programa, comecei a escrever listas das minhas frustrações e medos. Apenas uma pessoa entrou na minha lista de medos: eu mesmo. Olhando para trás, agora percebo como isso ilustra perfeitamente minha total falta de autocompreensão. A imagem que construí ao meu redor me cegou para o quanto eu realmente estava apavorado. Com medo de ficar sozinho, de não ser amado, de ser rejeitado.

Edward e eu revisamos essas listas juntos, discutindo minuciosamente e orando sobre cada item. Quando terminamos, Edward se levantou, me olhou nos olhos e disse:

"Você sabe qual é o seu problema, Baldur?"

Esperei ansiosamente pela sua resposta, esperando empatia por causa da minha infância desafiadora e trágica.

"Você!" ele respondeu. "Você é o seu problema,"

Sentado em frente a ele, olhando em seus olhos, senti uma forte vontade de dar um soco no queixo dele. *Não gostei* de ouvir isso, mas no fundo sabia que ele estava certo.

Eu estava determinado a manter o curso e, à medida que me aprofundei nos doze passos, passei a compreender a importância da total honestidade sobre minhas deficiências e falhas. Não foi fácil, mas resolvi, com a ajuda da minha mãe e da minha namorada, anotar meus defeitos para levar na próxima reunião.

Juntos, concordamos em três falhas significativas

Irritabilidade e mau humor.

Nunca chegar na hora certa.

Impaciência.

Contudo, quando encontrei meu padrinho naquela noite, ele não ficou nada satisfeito com minha lista. Houve um silêncio longo e desconfortável enquanto ele lia. Consideravelmente mais tempo, pelo menos pensei, do que deveria levar para ler três frases muito simples.

"Isso é tudo?" ele finalmente perguntou, olhando para mim.

"Sim!" respondi, satisfeito comigo mesmo e orgulhoso do meu trabalho.

"Você não vai mencionar desonestidade?"

"O que? Por que? Eu não sou desonesto!"

"Baldur. Você importa e vende drogas..."

No começo, resisti, mas nossa discussão continuou até altas horas da noite e desencadeou um novo pensamento. Decidi pesquisar e explorar o conceito dos sete pecados capitais -

Luxúria. Gula. Ambição. Preguiça. Fúria. Orgulho. Inveja

Comecei a encher meu caderno até a borda com pensamentos e reflexões e, de alguma forma, comecei a ver tudo sob uma luz nova e diferente. Comecei a me abrir para minhas fraquezas, ajoelhando-me e orando, de manhã e à noite. Aprendi e recitei a oração dos doze passos, pedindo a Deus que me ajudasse a remover meus defeitos de caráter e me concedesse forças para fazer melhor. Eu poderia me tornar um homem melhor.

A cada passo do programa de doze passos, comecei a me sentir mais desperto e lúcido. O Passo 9, que exigia a reparação dos erros cometidos, levou-me a confrontar o meu passado violento. Decidi fazer as pazes com um homem chamado Steven, ex-namorado da minha mãe, que havia agredido violentamente anos antes. Eu o encontrei fora do pronto-socorro quando estávamos saindo após um incidente, e bati tanto nele que ele teve que se virar e voltar para dentro. Minha luta interior com esse pedido de desculpas foi intensa, com cada fibra do meu ser gritando em protesto, mas eu apenas orei por forças para prosseguir com isso.

Steven concordou em me encontrar, desde que o fizéssemos em um local público movimentado. Entendi e sugeri um café em Reykjavik.

"Estou aqui porque quero me desculpar por ter batido em você no hospital."

Steven parecia chocado.

"Eu gostaria de compensar você, então se houver algo que eu possa fazer..."

"Não! não!" ele interrompeu, tentando mentir para se livrar dos problemas. "Não há necessidade. Você sabe que sempre fui tão gentil com sua mãe!

O que?! Uma enorme onda de raiva ameaçou me engolir e, naquele momento, tive que me agarrar à beirada da mesa para me ancorar. Ele realmente acabou de dizer isso? Prendi a respiração. Ele a tratou de tudo, menos gentilmente! Nada mudou.

Desesperado para recuperar a compostura e não mandá-lo de volta ao pronto-socorro novamente, fechei os olhos, respirei e disse silenciosamente a 'oração do ressentimento' que aprendi e passei a conhecer tão bem. Funcionou e, lentamente, encontrei forças para ceder e reconhecer suas palavras. Afinal, isso não era sobre ele, era sobre mim.

Pouco depois, deixei meu orgulho de lado, agradeci e fui embora.

Uma sensação peculiar tomou conta de mim quando saí da cafeteria. Senti uma nova sensação de liberdade. A luta para chegar a esse ponto e o fato de ter mantido a cabeça fria e não respondido ao comentário de Steven sobre minha mãe tornaram a vitória ainda mais doce. Eu me senti transformado. Eu havia removido o primeiro tijolo da grande muralha que construí em torno da minha verdade. A parede impenetrável que me disse que eu nunca era o suficiente, que não valia nada, que era e sempre seria a mais negra das ovelhas negras.

Naquela noite, aconteceu que meu primo Denni me convidou para me juntar a ele em um grupo de comunhão doméstico, organizado por um de seus amigos. Eles queriam que eu compartilhasse algumas de minhas músicas com eles. Fui à reunião cheio de energia e o alegre grupo de estranhos me recebeu. Imediatamente me senti em casa e surpreendentemente cheio de esperança. Eles me ouviram, me apoiaram e me guiaram através de uma oração sincera, aceitando Jesus. E assim, naquele instante, de alguma forma, todo o meu desconforto e ansiedade saíram de mim e simplesmente desapareceram. O medo constante que me manteve preso em suas implacáveis garras de ferro por mais de um ano simplesmente *desapareceu.*

Caí de joelhos e chorei, cheio de uma sensação de pertencimento e propósito. Que noite!

Pouco antes de partirmos naquela noite, a amiga de Denni anunciou que estava se mudando e não poderia ser a anfitriã da próxima reunião.

"Eu posso fazer isso!" Eu deixei escapar em voz alta, sem pensar, e depois ri.

Naquele momento espontâneo, tomei uma decisão monumental. Uma escolha de vida que teria consequências de longo alcance, muito além da minha imaginação.

Minha mente fervilhava de entusiasmo e ideias. Ficou muito claro para mim o que eu deveria fazer a seguir. Eu criaria uma nova comunidade. Um grupo de comunhão espiritual único e de mente aberta, fundado apenas no amor. A mudança que eu esperava há tanto tempo estava chegando e eu sabia, no segundo em que a disse, que estava prestes a embarcar em um caminho inexplorado de cura, redenção e serviço aos outros.

E eu sabia o lugar perfeito para fazer isso. O velho bordel.

23
SIMPLESMENTE O MELHOR

Felizmente, cumpri minha palavra e, em 2007, iniciamos nosso novo grupo de comunhão cristã no antigo bordel. A ironia cômica não passou despercebida a ninguém e foi incrível! Nossas reuniões eram tão longe do convencional quanto possível, e tão difíceis quanto pareciam - fumávamos do lado de dentro, lemos a Bíblia juntos, festejamos e cantamos canções de louvor a plenos pulmões, até altas horas da noite.

Foi selvagem, emocionante e divertido, mas logo ficou claro para mim que Denni (meu primo) estava prestes a ter uma recaída nas drogas e cair novamente. Pude ver que ele estava realmente lutando e, não querendo decepcioná-lo, decidi tomar medidas drásticas - não deixei ele sair do meu apartamento ou da minha vista. Ele estava basicamente de castigo. Claro, isso não funcionou, e ele escapou na próxima oportunidade e saiu correndo pela rua. Irritado, calcei os sapatos e saí correndo atrás dele, ainda só de regata. Corri atrás dele como se minha vida dependesse disso, determinado a não perdê-lo novamente nas garras do vício.

Eu finalmente consegui alcançá-lo e pular sobre ele a alguns quarteirões de distância, parando-o no meio do caminho. Eu o arrastei de volta pela rua, chutando e gritando. Ele tentou resistir, mas eu era mais forte.

"Denni!" Eu gritei. "Você não vai ficar chapado!"

"Deixe-me ir, seu idiota!" ele gritou comigo, furioso.

Eu estava no meio da rua, segurando-o, quando percebi que um carro da polícia estava estacionado na diagonal, a um quarteirão de distância. De repente, percebi como isso deveria ser do ponto de vista de alguém passando. Um ex-presidiário violento, arrastando um homem à força pela rua. Sem falar que todos sabiam o que acontecia no apartamento 23. Rapidamente soltei Denni, com medo das consequências.

Denni saiu da cena o mais rápido que suas pernas puderam e, naquela noite, ele se envolveu em uma enorme farra de drogas, apenas para voltar à minha casa para ficar sóbrio. Eu falhei em minha tentativa de evitar sua recaída e me senti péssimo por ele.

A volta do meu primo ao vício foi um claro lembrete para mim de como foi difícil libertar-me das garras da dependência das drogas. Algo grande mudou em mim, sim, e eu ainda vivia de todo o coração segundo os doze passos, mas ao mesmo tempo ainda fazia coisas que eram simplesmente erradas. Minha moralidade e meus padrões de pensamento ainda precisavam de mudanças substanciais. Não passou despercebido para mim que ainda estava envolvido no negócio ilegal de drogas, importando e vendendo drogas, apesar da minha fé recém-adquirida.

Do lado positivo, a nossa nova irmandade no antigo bordel continuou a expandir-se rapidamente, e começámos a notar que até os cristãos tradicionais entravam furtivamente nas nossas reuniões, a tosse deles os denunciava, no meio da nuvem de fumo de cigarro que pairava no ar. Logo decidimos que talvez não fosse a melhor ideia fumar dentro de casa e fizemos pausas entre as sessões de pregação para sair.

Para minha surpresa, até meu pai, que morava em uma casa próxima para deficientes físicos, começou a frequentar nossa igreja. Ele parecia orgulhoso e se divertia, e eu me senti cada vez mais forte e ainda mais seguro do meu novo caminho.

Reunimo-nos em círculos, de mãos dadas, e oramos juntos. Oramos pelos doentes, por aqueles que estavam presos no ciclo vicioso do vício, e encorajamos as pessoas que perderam toda a esperança. Começamos a criar um burburinho e nosso número crescia semana após semana, enquanto cantávamos e batíamos em tambores africanos para dar ritmo. Toquei violão e cantei. Tenho que admitir que não fui o melhor guitarrista que você já ouviu, mas isso não nos impediu de comemorar noite após noite.

Mas, como um sussurro constante e irritante no fundo da minha mente, eu não conseguia parar de sentir a culpa subjacente sobre meus óbvios padrões duplos pessoais, e realmente comecei a questionar meu envolvimento de longo prazo no negócio das drogas.

Tinham-me dito repetidamente sobre a misericórdia e o perdão incondicional de Deus, independentemente das minhas ações, mas logo percebi que isso não fazia nenhum favor à minha moralidade - ou à falta dela. Eu me convenci de que, como estava usando o dinheiro das drogas para financiar a igreja, e apenas fazendo coisas boas com ele, certamente Deus me perdoaria por importar as drogas? Certamente seria melhor para os lucros apoiar a divulgação da palavra de Deus em vez de apoiar o submundo do crime? Eu nunca mais cheguei perto do produto, então certamente a misericórdia de Deus me purificaria.

Mas eu ainda não conseguia me livrar da dúvida, e o mês de julho daquele verão marcou uma verdadeira virada em minha vida.

Nosso grupo decidiu ir juntos a uma convenção cristã anual. Foi realizado no campo. Imediatamente senti resistência em ir, como se algo estivesse tentando me impedir de comparecer. Mas meu rebelde interior venceu e decidi ir mesmo assim. Chegamos de carro naquela quarta-feira e, ao chegarmos, avistei inesperadamente o superintendente-chefe de toda a força policial islandesa. Eu me senti mal do estômago quando ele se aproximou de nós.

"É incrível o que vocês estão fazendo aqui", disse ele. "Posso acompanhá-lo em uma de suas reuniões?"

Fiquei pasmo.

"Claro." Engoli em seco minha surpresa. "Na verdade, por que você não sobe e fala?"

Quando chegou a reunião de quinta-feira à noite, louvamos a Deus e a adoração começou com a mesma energia e entusiasmo que sempre tivemos durante nossas reuniões domiciliares. Reunimos uma grande multidão e, para minha grande surpresa, o Superintendente Chefe subiu ao palco e pegou o microfone!

Minha cabeça estava girando. Ali estava eu, compartilhando o mesmo espaço com as mesmas pessoas que um dia foram meus promotores e que me prenderam anos atrás. Senti algo mudar dentro de mim, mas o momento mais transformador ainda estava por vir. Sentindo-me inspirado, levantei-me e peguei o microfone, durante os pedidos de "chamada para oração" - quando, de repente, uma frase em islandês que ouvi veio à minha mente:

"Você não pode ficar em pé sobre duas pedras; você tem que escolher seu caminho."

As palavras ecoaram em minha mente e, num instante, sem questionar, eu *sabia* o que precisava fazer. Eu não poderia continuar servindo a Deus com uma mão e vendendo drogas com a outra. Não havia nenhuma dúvida sobre isso; Finalmente tive que me afastar de tudo.

Eu terminei.

Assim que cheguei em casa, marquei uma reunião com meus parceiros de negócios e disse que queria sair. Eu tinha uma remessa que valia muito dinheiro a caminho, mas deixei claro que não queria mais nenhum envolvimento. Eu não queria nada com isso. Eles poderiam ficar com minha parte nos lucros. Minha experiência na convenção foi tão poderosa e transformadora que nunca olhei para trás.

Expliquei tudo para Denni naquela noite.

"Você não está levando toda essa coisa de integridade um pouco a sério demais, cara?" ele perguntou, nada satisfeito com minha mudança de direção.

"Quer dizer, e a placa no prédio?!"

Eu ri. No piso térreo do nosso prédio havia uma empresa chamada 'Best' que vendia produtos de limpeza. A palavra 'Best foi exibida em três lugares externos. 'Best! Best! Best!'. Sempre achamos isso histérico e nos divertimos muito, porque éramos conhecidos por ter a melhor cocaína.

"Denni, realmente não há como voltar atrás para mim. Eu só quero fazer o que é certo."

Mantive-me firme, coloquei meu líder em contato com meus parceiros de negócios e saí sem pensar duas vezes.

Naquele mesmo verão de 2007, abrimos outra igreja na minha cidade natal, Keflavik. As coisas estavam crescendo e parecia ser uma temporada de encontros surpreendentemente fortuitos. Um desses encontros foi com Kristian, o diretor da igreja pentecostal local, um homem cuja mente aberta mudaria para sempre a minha jornada. Encontrei-o inesperadamente e decidi, no calor do momento, perguntar-lhe se poderíamos realizar nossos cultos e reuniões no salão de sua igreja, sob nosso próprio nome, "Amor". Fiquei estressado porque ele diria não, mas ele ligou alguns dias depois com um sim entusiasmado! Eu estava andando no ar, meu grupo de irmandade agora teria uma segunda filial, e nada menos na minha cidade natal!

Ele acreditou em mim.

Carta de Kristian- Pastor da Igreja Pentecostal, Keflavik.

Eu trabalhava no ministério cristão há mais de 20 anos e sabia muito bem que uma coisa era aceitar a Cristo e outra era continuar a viver com ele. Eu tinha visto tantos homens como Baldur serem salvos apenas para retornar às suas antigas vidas. Mas Baldur me procurou novamente para usar a igreja e, de alguma forma, uma compulsão inexplicável me levou a dizer sim!

Não muito tempo depois, as reuniões de sábado à noite aumentaram e um novo grupo de adoração foi formado no local. Houve um súbito influxo de novas almas, desde jovens com 14 anos de idade, mas o nosso fiel grupo central permaneceu o mesmo. As reuniões estavam repletas de alegria e música e o púlpito acolheu todos os tipos de oradores, oferecendo perspectivas diversas e interessantes.

Então começaram seus batismos! Não consigo nem começar a contar quantas pessoas batizamos, mas em uma ocasião memorável, a alegria incontida do momento fez com que a piscina batismal transbordasse e inundasse completamente o salão de assembleias. Recebi um telefonema frenético de um jovem me perguntando o que fazer – "Basta desligar a água!" Gritei ao telefone, mas de alguma forma isso também deu errado, e a louca celebração continuou em meio à água, até que cheguei lá e desliguei eu mesmo! Um daqueles momentos que só é realmente engraçado em retrospecto.

É seguro dizer que o grupo de Baldur tocou muitas vidas e mais do que fez jus ao seu nome – Amor. O jovem de quem este livro trata ainda caminha com Deus quatorze anos depois e é um verdadeiro testemunho de que Deus pode transformar a vida das pessoas.

Suas palavras realmente tocaram meu coração.

O amor mudou indelevelmente o curso da minha vida.

Eu não era mais um traficante de drogas manipulador e desonesto; Eu não era mais perseguido pelas sombras escuras do medo, tornei-me um canal para o amor divino do Pai celestial.

Ele era simplesmente o melhor.

Parte Três

24

DERRUBANDO AS PAREDES

Ao longo da minha vida, os sonhos muitas vezes inspiraram ou anteciparam algumas das minhas experiências mais significativas, tanto boas como más. Nos primeiros capítulos da minha vida, muitas vezes eu os ignorei, mas, aos vinte e tantos anos, percebi que valia a pena prestar muita atenção a essas mensagens noturnas.

A história do sonho da minha mãe e da derrubada das paredes que antes escondiam minha vida passada é algo que não posso ignorar.

Em 2006, minha mãe morava em um apartamento no mesmo prédio que o meu. O mesmo apartamento que usamos como bordel nos anos anteriores. Ela havia saído recentemente de outro período na reabilitação e estava lutando contra seus próprios demônios, então ofereci-lhe espaço para ficar perto de mim enquanto ela se recuperava.

Certa manhã, quando eu estava saindo, ela correu até mim, desesperada para compartilhar um sonho que tivera na noite anterior.

O momento desse sonho foi nada menos que notável.

"Tive um sonho maravilhoso com o apartamento, Baldur", disse ela, com a voz trêmula de excitação. "Ele foi transformado em um lindo e grande salão aberto cheio de luz. Não havia mais paredes dentro dele, e Baldur... foi convertido em uma igreja!"

Minha curiosidade despertou. "Mãe, eu estava literalmente saindo agora para pegar a planta do prédio. Estou solicitando licença para instalação de varanda. Isso é estranho!"

Dirigi até a prefeitura e, em pouco tempo, segurei as plantas nas mãos, a tinta desbotada revelando uma história esquecida. Fiquei impressionado - descobri que o apartamento havia sido originalmente projetado como um auditório de igreja. Um arrepio de excitação percorreu minha espinha e fui para casa contar para minha mãe. Eu soube imediatamente o que precisava ser feito. Tive que restaurar o espaço ao seu propósito original. Sua antiga glória. Eu vibrava com um novo senso de propósito e convicção.

Também percebi que havia uma tarefa monumental pela frente. Este apartamento testemunhou todas as profundezas do meu passado sombrio e tinha muitos dos meus segredos vergonhosos escondidos dentro de suas paredes. Fizemos algumas mudanças no local quando o usamos como bordel e covil de drogas e acrescentamos reforços de ferro na porta da frente para que os policiais tivessem dificuldade em arrombá-la. Agora, essas mesmas paredes precisariam ser derrubadas e as cicatrizes do meu passado seriam reveladas.

E assim, todos nós participamos e nosso grupo de irmandade embarcou em nossa nova jornada e começou a trabalhar direto para derrubar as paredes. De qualquer forma, já tínhamos superado totalmente o nosso espaço, com pessoas sentadas nos parapeitos das janelas, lotando a porta e até mesmo de pé no corredor, para nossas reuniões.

À medida que nos aprofundávamos no nosso projeto de renovação, um tesouro de memórias esquecidas foi desenterrado, cada item uma lembrança nítida da minha vida anterior de drogas e dinheiro escondidos, guardados como uma consciência pesada. Mamãe encontrou todo tipo de coisas duvidosas enquanto ajudava a limpar o lugar. Mas, por incrível que pareça, à medida que cada tijolo era removido, eu me sentia mais leve, e o que emergia debaixo dos escombros era perfeito - um lindo salão de formato oblongo, banhado de luz. Nosso novo púlpito, que antes era o bar do bordel, estava lixado e lustrado, e parecia ironicamente perfeito.

À medida que se aproximava o dia do nosso culto de abertura, também convidamos Jonathan, o superintendente-chefe da força policial islandesa, que havia pregado no festival, para vir e falar. Achamos apropriado, já que ele era um guarda durante meu tempo lá dentro e tinha uma grande personalidade. O culto finalmente começou e levantamos nossas vozes, cantando antigos hinos islandeses reorganizados - a alegria era palpável! Johnathan, um homem cujo caminho de vida cruzou o meu da maneira mais inesperada, falou apaixonadamente sobre o amor ilimitado de Deus. O Culto foi fantástico! Foi descrito como novo, inovador e completamente despretensioso, o que foi muito importante para mim. Um artigo num jornal local tinha como manchete: *"Casa de prostitutas convertida em casa de oração*". Não é a sua notícia habitual. Tínhamos encontrado luz nos lugares mais escuros.

As coisas avançaram a todo vapor. Tínhamos construído tanto em tão pouco tempo e, no final, decidi inevitavelmente abandonar o meu trabalho e dedicar-me a tempo integral à igreja. Isso exigiria tudo de mim.

Assim como as paredes do meu passado desmoronaram, o mesmo aconteceu com as que estavam dentro do meu coração.

25

SOCAR OU ORAR

Deixe o passado permanecer no passado.
Quem não se lembra do passado está condenado a repeti-lo.

Todos nós temos um passado e, gostemos ou não, o passado deixa uma marca indelével no nosso presente. Um lembrete às vezes assustador de escolhas erradas feitas.

Quando meu trabalho na igreja começou, percebi que a redenção não seria uma jornada simples, mas uma negociação constante com o passado.

Numa sexta-feira, naquele primeiro outono, enquanto o sol do fim da tarde enchia o novo salão da igreja, eu estava me preparando para uma reunião, quando o som da campainha de repente perfurou o ar, tirando-me do trabalho. Surpreso, levantei-me, abri a porta interna à prova de balas e desci as escadas para abrir a porta da frente.

Parado na rua, em um estado obviamente extremamente instável, irritado e alterado, estava meu grande amigo e fiel 'Braço Forte' dos velhos tempos, Axel.

Ele estava claramente muito, *muito* chateado.

"Você está me traindo!" Axel gritou alto e histericamente; seus olhos selvagens de angústia.

"O que? O que você quer dizer, Axel? Fiquei totalmente surpreso.

Ele estava claramente passando por algum tipo de episódio psicótico induzido por drogas. Seus olhos se estreitaram e de repente ele fez um movimento para me atacar. Suas intenções eram muito claras. Rapidamente movi minha perna direita para trás e posicionei minhas mãos para reagir, tentando me equilibrar, para que se fosse preciso, eu pudesse chegar até ele antes que ele conseguisse me acertar.

"Por que você está me traindo?!" ele rosnou furiosamente, espuma branca escorrendo pelos cantos da boca.

Eu nunca o tinha visto assim antes.

"Axel... por que eu trairia você?" Perguntei o mais gentilmente que pude, tentando difundir a situação horrível e volátil. Ficamos cara a cara, à beira de um encontro seriamente violento, bem em frente à igreja. Minha mente disparou. Eu sabia que tinha que acabar com isso imediatamente e, se fosse preciso, daria o primeiro soco. A violência seria meu último recurso, no entanto.

Enquanto eu continuava tentando argumentar com ele, de repente uma imagem muito clara passou pela minha mente. A lembrança de uma história que ouvi sobre um famoso pregador do Bronx, em Nova York. Quando uma gangue de garotos do gueto invadiu sua igreja, o espancou e tentou roubar a caixa de coleta... o pregador simplesmente ficou parado na porta e orou por eles. Eles apontaram facas para ele, ameaçaram cortá-lo e matá-lo, mas ele simplesmente permaneceu firme, parado na porta da igreja, orando calmamente, resoluto em seu compromisso com sua fé.

Agora foi a minha vez. Eu sabia o que precisava fazer. Em vez de deixar meus punhos cerrados voarem no rosto de Axel, coloquei minha mão direita em seu peito, fechei os olhos e comecei a orar. Usei toda a força que pude reunir e, ao falar, senti o amor como o de Cristo começar a substituir a hostilidade no ar.

Lenta mas seguramente, Axel se acalmou, enquanto eu apenas fiquei ali, abraçando-o. Então, ele soltou um longo e trêmulo suspiro. Era como se todo o fôlego tivesse sido arrancado daquele bruto grande, corpulento e sensível.

"Jesus ama você", eu disse. "E eu também."

Ele olhou para os pés, virou-se e desapareceu na escuridão. Nem mais uma palavra.

Embora Axel e eu fôssemos bons amigos, ele sempre era completamente imprevisível quando usava, o que me deixava desconfiado. Muitas vezes ele ficava extremamente paranóico e, no passado, eu tinha visto cortes profundos em suas mãos. Alimentado pela ansiedade e raiva induzidas quimicamente, ele sempre dormia com uma faca de cozinha debaixo do travesseiro. Sempre preparado.

Após o incidente, decidi que era hora de convidar Axel para se juntar ao nosso grupo.

"Eu já tenho fé, Baldur." ele respondeu.

Tentei novamente, mas ele recusou meu convite... e aos poucos, ele desapareceu da minha vida.

Mais tarde, eu saberia que Axel havia atacado brutalmente alguém e foi enviado para a prisão... o que levou à tragédia final -

Axel tirou a própria vida.

Esta triste notícia pesou muito em minha alma e não pude deixar de me perguntar se poderia ter feito mais por ele. A noite em que encontrei Axel no precipício do desespero ficará para sempre gravada em minha memória. Nossa amizade foi forjada em nossas lutas passadas compartilhadas, e fui eu quem sobreviveu a elas. Foi uma lição difícil, mas decidi ali mesmo que, em momentos de confronto, agora escolheria sempre a oração em vez da violência.

Compaixão acima da vingança.

Meu passado já havia reivindicado muito.

Meu primo Denni era outra pessoa confusa e também abertamente divertida com meu novo estilo de vida e escolhas. Ele ainda estava lutando em sua própria batalha contra o vício e muitas vezes parecia que assistia minha transformação com uma mistura de ceticismo e curiosidade. Tentei persuadi-lo a tentar e entregar tudo a Deus, mas ele tinha uma sentença de prisão não cumprida que ele temia profundamente, e ele estava relutante e não convencido de que algo pudesse mudar para ele.

Um dia, depois de mais uma de nossas habituais discussões profundas, Denni e eu brigamos e ele saiu furioso e foi embora, irritado. Ele ignorou todas minhas tentativas de contatá-lo. Eu estava acostumada com esse tipo de reação dele, então não pensei nada sobre isso.

Na manhã seguinte, 17 de dezembro de 2007, Denni foi ao cemitério... e se enforcou.

Eu estava em casa quando recebi a notícia devastadora e doentia. O peso da tristeza mais horrível e da culpa pesada pesava sobre mim. Eu estava perdido. Eu nunca tinha lidado com uma tragédia sóbrio antes, e isso foi um lembrete claro de minha batalha contínua e implacável entre a luz e a escuridão dentro de mim. Eu tinha escolhido o meu lado, e era uma batalha que estava determinado a travar, não importando o custo.

Num acesso de angústia e determinação, pus-me de pé. Eu não podia mais ficar parado vendo o passado ceifar a vida das pessoas que eu amava. Eu terminei. Eu simplesmente não conseguia lidar com a ideia de voltar ao meu trabalho mundano, construindo reforços de ferro para pisos de concreto, com esse peso cada vez maior sobre meus ombros. Encontrei-me com meu chefe e larguei meu emprego, movido pelo desejo de, de alguma forma, garantir que ninguém mais sucumbiria ao mesmo destino que atingiu meu querido amigo e meu primo. Era hora de agir.

26
NÃO TENHA MEDO

À medida que os números e a reputação da nossa bela nova igreja cresciam, o mesmo acontecia com a minha e, de repente, fui colocado no centro das atenções. Repórteres do Serviço Estatal de Radiodifusão da Islândia visitaram a nossa igreja e, logo depois, fui entrevistado ao vivo num programa de televisão cristão. Foi uma experiência surreal, e sentado naquele estúdio de TV, sob o brilho das luzes e o olhar da câmera, pensei em tudo que me trouxe até aquele momento.

Eu me abri e falei com o coração. Contei a verdade sobre minha vida anterior, meus vícios, meu tempo de prisão, a administração do bordel e a esperança que me tirou do abismo. Minha tristeza pelo suicídio de Denni me aproximou ainda mais de Deus e ainda mais determinado a ajudar e resgatar outras pessoas, então, pouco antes de a entrevista terminar, sem pensar duas vezes, anunciei ao vivo no ar -

"E... realizaremos uma caminhada de oração no dia 10 de novembro!"

Talvez eu tenha sido um pouco impulsivo demais.

Engoli em seco.

Faltava apenas um mês para novembro e, no meu habitual entusiasmo hiperativo, eu nem sequer tinha tido tempo para verificar se aquela data era adequada. Senti um nó de ansiedade e excitação no estômago quando a entrevista terminou. Eu queria começar uma revolução.

Então, agora em apuros por causa da minha ansiedade, decidimos que teríamos que nos encontrar todas as manhãs para discutir os detalhes e planejar essa "caminhada de oração". A tela em branco do nosso quadro de planejamento olhava para nós, esperando a inspiração surgir. E aconteceu! Enquanto minha equipe e eu fazíamos um brainstorming, meu pânico começou a desaparecer. Honestamente, não tínhamos um centavo em nosso nome, mas mesmo assim traçamos rotas, criamos uma lista de voluntários e começamos a organizar o grande evento. Lenta mas seguramente, meu anúncio impetuoso e maluco começou a parecer um plano real.

Decidimos conseguir que pessoas de todas as igrejas do país colaborassem connosco, para promover a unidade entre a comunidade cristã na Islândia. Nas semanas que se seguiram, trabalhamos constante e incansavelmente, mas o estresse da iminente caminhada de oração pesou muito sobre mim. Como sempre, voltei-me para a oração e procurei consolo nas páginas da Bíblia, mas o meu medo e aquele pequeno crítico interior irritante começaram a levar a melhor sobre mim.

"Você não pode fazer isso – você é apenas um traficante de drogas tentando fingir que está no controle…"

A dúvida e a ansiedade começaram a pairar sobre mim, lançando uma sombra sobre a fé que me trouxe até aqui.

À medida que o dia 10 de novembro se aproximava, num grande ato de fé, decidimos alugar o Laugardal Hall, um enorme centro de eventos em Reykjavík. Estávamos determinados a realizar um grande concerto lá depois da caminhada, embora estivéssemos quase completamente sem dinheiro. A igreja reuniu o apoio do Superintendente da Polícia da Islândia, o que foi um passo significativo, mas com todas as mudanças profundas que aconteceram na minha vida pessoal, encontrei-me numa situação irónica. Meus medos pessoais começaram a me incomodar novamente. Lá estava eu, um ex-criminoso - agora profundamente envolvido num projeto cristão saudável, com o superintendente da polícia de toda a Islândia ao meu lado. O superintendente até me confidenciou sobre as críticas que enfrentou por me apoiar. Alguns membros da força policial alertaram-no contra mim, acreditando que eu estava aproveitando esta oportunidade como mais um esquema para me envolver em atividades criminosas.

Minha transformação pessoal foi tão dramática que até eu comecei a duvidar do meu próprio valor.

Eu sabia que precisava de uma pausa. Um momento de silêncio para me reconectar com minha fé. Jonathan, meu amigo fiel que sempre esteve ao meu lado, convidou-me para ficar em sua fazenda no leste da Islândia. Durante um fim de semana inteiro, sozinho, não fiz nada além de orar... e orar um pouco mais. Então, no domingo à noite, fui a uma reunião na casa de Jonathan para participar de uma reunião de oração. A reunião começou com uma onda de música linda e edificante, e uma sensação de leveza e liberdade que eu não sentia há muito tempo, tomou conta de mim no minuto em que comecei a cantar junto.

Sorri ao me lembrar da vez em que um dos guardas da prisão me pegou cantando no chuveiro da prisão.

"Nunca ouvi ninguém cantando neste chuveiro antes!" ele riu com uma expressão confusa no rosto.

"Bem... eu me pergunto por que isso acontece?" Eu sorri. "Este lugar não inspira exatamente alegria, não é?"

Apesar da falta de oportunidade para cantar na prisão, cantar ainda me energizava, como sempre. Cantar sempre me transportou e me ajudou a esquecer o tempo e o lugar. Fechando os olhos e cantando alto, eu poderia escapar para outro lugar, bem longe daquele lugar esquecido por Deus.

Naquela reunião de oração naquele domingo à noite no campo, fechei os olhos e simplesmente cantei. Desejando se aproximar de Deus. Foi durante este profundo momento de reflexão que, pela primeira vez, vi uma imagem de Jesus na minha mente.

"Não tenha medo, Baldur", disse ele. *"Eu estou contigo."*

Ouvi uma voz ecoar dentro de mim, e as palavras continham tanta segurança que não consegui mais conter minhas emoções. Lágrimas começaram a escorrer pelo meu rosto. Eu não estava acostumado a chorar, principalmente na frente dos outros... mas esse momento foi diferente.

Então, é claro, meu crítico interior entrou em ação: "Vamos, Baldur. Você está apenas imaginando coisas e provavelmente está se envergonhando!"

Mas... a mesma frase continuava ecoando em minha mente - "*Não tenha medo, Baldur. Estou com você.*"

Naquela noite, uma verdade nova e ofuscante me atingiu. Eu não precisava mais me proteger. Jesus Cristo queria me proteger. Jesus era meu refúgio. Meu escudo. Quase instantaneamente senti minhas dúvidas desaparecerem e, ao abrir os olhos, percebi que minha ansiedade avassaladora também havia desaparecido.

Agora eu estava pronto para a caminhada.

Voltei para Reykjavik rejuvenescido e cheio de energia. Nossa preparação para o evento estava bem encaminhada e também decidimos visitar todas as escolas de ensino médio do país como promoção. Realizávamos reuniões nos refeitórios das escolas e eu saltava para as mesas e partilhava animadamente a minha história. Contei-lhes como Deus me libertou das trevas e nos oferecemos para orar por quem quisesse. É claro que fiquei nervoso com a reação dos adolescentes sabe-tudo, mas ficamos muito gratos ao ver quantos deles ficaram profundamente comovidos e se levantaram para se juntar a nós.

À medida que nosso grande evento se aproximava, as oportunidades pareciam se abrir para eu falar sobre minha liberdade recém descoberta. Um locutor de uma estação de rádio cristã até me convidou para gravar uma música em seu incrível estúdio, e como alguém que sempre teve um profundo amor pela música e em muitas ocasiões sentiu seu poder transformador - este foi um sonho que se tornou realidade.

Então chegou o dia da nossa caminhada de oração. Dizer que eu estava estressado, seria pouco! Eu não consegui deixar de me preocupar com a ideia de 'e se ninguém aparecer?'! Parado em frente à Igreja de Hallgrim, uma das igrejas mais bonitas e famosas da Islândia, senti uma mistura de enorme alívio e pura alegria, quando grupos de pessoas começaram a afluir em nossa direção. Às 14h, milhares de pessoas estavam prontas e esperando, e partimos juntos em nossa caminhada de oração.

Foi melhor do que eu poderia imaginar! A procissão foi liderada por quatro motocicletas da polícia, seguidas por enxames de pessoas de vários clubes e organizações. Os Escoteiros também marcharam e a banda internacional do Exército da Salvação tocou. Cantei em um megafone enquanto caminhávamos pelas ruas, inspirados e cheios de esperança. Olhando para trás, pude ver que a multidão se estendia até o nosso ponto de partida, e a praça da cidade em frente ao prédio do parlamento também estava lotada de gente.

Levantamo-nos juntos na plataforma e iniciamos o culto, e enquanto cantávamos, o poder da nossa unidade e harmonia era avassalador – três mil vozes unidas numa canção. Tive o privilégio de terminar a noite compartilhando minha história pessoal de como o poder de Deus transformou minha vida.

Ali, naquela noite, diante de milhares de pessoas, não pude deixar de pensar na história de Davi e Golias e em como ela, de repente, realmente ressoou em mim. Ao olhar para a multidão, percebi que finalmente havia encontrado um propósito. Muitas vezes eu me encontrei no lugar de Davi, enfrentando meu próprio gigante do passado, mas naquela noite, o gigante estava sem vida no chão.

Derrotado.

Minha batalha por uma mudança real realmente começou.

27
A RESTAURAÇÃO

Costuma-se dizer que quando Deus fornece a visão, ele também fornece a provisão. Carreguei comigo essa crença inabalável enquanto liderava nossa nova congregação. Eu precisei. Na verdade, não tínhamos muito, mas parecia que Deus nos livrava sempre que estávamos em necessidade.

Como no dia em que conheci Graham. Eu nunca esquecerei isso. Ele e sua esposa Selma visitaram nossa nova igreja e, depois de uma de nossas reuniões, ele veio até mim sorrindo.

"Percebi que você não tem muitas cadeiras, Baldur", ele comentou. "De quantas você precisa?"

"Ah! Cerca de cem", sorri de volta.

Sem hesitar um momento, ele assentiu e disse simplesmente: "Ótimo. Vou entregar elas a você hoje mais tarde."

Senti uma conexão instantânea com ele e percebi imediatamente que esse homem obviamente possuía um aguçado senso de negócios, bem como uma tremenda disposição para fazer o bem. Enquanto transportávamos todas as cadeiras escada acima naquele mesmo dia, não pude deixar de ficar surpreso. Graham participou de apenas uma reunião, viu o que precisávamos e entregou generosamente sem esperar nada em troca. As novas cadeiras eram modernas e elegantes e deram ao nosso salão congregacional, um novo visual excelente. Fiquei cheio de gratidão.

A cada dia que passava, o entusiasmo aumentava, mais e mais pessoas participavam das reuniões da nossa igreja, e não demorou muito para que a sala se tornasse muito pequena e apertada, mais uma vez. As pessoas ficavam na porta, encostadas nas paredes e até sentadas na escada. O serviço nacional de televisão da Islândia até me contactou e transmitiu um pequeno segmento de notícias sobre a notável transformação da nossa igreja.

No entanto, apesar do nosso recente sucesso, eu ainda estava emocionalmente muito ferido e as sombras da minha vida anterior ainda permaneciam. Foi aqui que pessoas gentis como Graham e sua esposa, Selma, provaram ser um presente sem medida. Seu apoio inabalável serviu como um lembrete constante da minha nova identidade. Eles foram altruístas e me aceitaram como se eu fosse seu próprio filho. O amor deles me deu forças para continuar diante das adversidades que ainda persistiam e também me motivou a buscar a reconciliação com aqueles a quem havia ofendido. Meu passado ainda me assombrava diariamente, mas eu estava determinado a não deixar que isso me impedisse.

Depois de muitas idas e vindas e olhando para minha alma, decidi que havia chegado a hora de estender a mão para a irmã do jovem que faleceu tragicamente após o incidente traumático, naquela noite fatídica em Reykjavik, muitos anos antes. O maior erro e vergonha da minha vida, que pesou sobre mim mais profundamente do que qualquer mera palavra poderia expressar.

O nome dela era Margarida. Entrei em contato com ela e perguntei se ela poderia me encontrar.

Ela aceitou.

Minha ansiedade estava às alturas enquanto eu esperava do lado de fora da casa de Graham que ela chegasse. Eu tinha decidido que encontrá-la perto deles talvez me desse uma sensação de segurança e conforto.

Meus nervos estavam à flor da pele. O que eu poderia dizer para essa garota?

No momento em que ela chegou e vi o número dela aparecer no meu telefone, quase desmaiei. Senti o suor escorrer pela minha testa e minha respiração ficou tão rápida e superficial que senti como se estivesse sufocando. Tive medo de que minhas pernas simplesmente cedessem quando finalmente conseguisse me levantar. Será que eu conseguiria caminhar até o carro dela? Fiquei tão consumido pela vergonha e pelo remorso que tudo que queria era fugir e me esconder. Reunindo toda a força que tinha, consegui chegar à porta do passageiro e sentar-me lá dentro, lutando contra as lágrimas.

O peso da minha culpa tornou impossível encontrar palavras, mas finalmente reuni coragem para falar, minha voz tremendo de vergonha.

"Oi, Margaret," eu disse suavemente.

"Oi", ela respondeu.

O ar estava denso e pesado de tensão.

"Margaret, eu só queria te dizer o quão terrível..." Minha voz falhou enquanto eu segurava as lágrimas. "Como... eu me sinto terrível pelo que fiz com você. Com você e sua família."

Minha voz falhou enquanto eu lutava para expressar a magnitude do meu remorso. Tive vontade de chorar, mas me contive porque não queria parecer que estava procurando pena.

"Eu sei... tudo que eu digo parece tão... insignificante, tão sem sentido comparado à dor que causei a você..."

Margaret ficou em silêncio.

"Eu sei que não há nada... nada... que eu possa dizer ou fazer para compensar o que tirei de você."

O silêncio era ensurdecedor.

"Eu só quero que você saiba que vou dedicar minha vida para reparar minhas ações... mas ainda assim... todos os dias eu gostaria de poder fazer algo para tornar tudo melhor."

Eu me senti doente.

Depois do que pareceu ser a eternidade mais longa do mundo, Margaret virou-se para mim e disse baixinho:

"Baldur, você está fazendo o possível para assumir a responsabilidade por isso."

Então, as palavras mais bonitas...

"Eu perdôo você."

Desta vez, permiti que as lágrimas fluíssem.

"Margaret, eu realmente não sei o que dizer. Obrigado. Obrigado do fundo do meu coração."

Quando saí do carro dela, senti como se o peso mais colossal imaginável tivesse sido tirado dos meus ombros. Fiquei tão abalado que não consegui concluir um único pensamento, mas uma voz dentro de mim sussurrou: "Você foi perdoado e, se perdoar os outros, eu o restaurarei".

Será que Deus poderia realmente me restaurar, apesar do meu erro horrível e da vergonha que me definiu e moldou desde então?

Graças à graça e à bondade altruísta de Margaret, o processo da minha restauração pessoal deu o seu primeiro e belo passo.

28

UM ABRAÇO DO PAI

"Baldur, você gostaria de vir comigo para o Canadá?"

Certa noite, sentado à mesa da cozinha da casa de Graham e Selma, logo após conhecer Margaret, Graham me fez uma pergunta que mudaria tudo.

"Uau, eu adoraria fazer isso. Parece incrível!" Eu reagi instantaneamente.

Ele me disse que seria um prazer para ele e que pagaria toda a viagem. Fiquei ali bastante perplexo. Eu simplesmente não estava acostumada com pessoas fazendo coisas assim por mim sem esperar algo em troca. Fiquei um pouco envergonhado, mas muito grato, e agradeci profusamente. Ele nos inscreveu em um curso no Canadá que estava programado para começar em janeiro de 2008. O diretor de uma organização humanitária chamada 'Symbiosis', cujo o nome era Hendrik, também se juntou a nós e logo estávamos a caminho.

Desembarcamos em Toronto cheios de expectativa. Após o primeiro dia emocionante do programa, nós três saímos para comer. Graham sentou-se na cabine mais próxima da parede e Hendrik, que era um ex-policial, fez sinal para que eu entrasse primeiro, ao lado de Graham. Isso significava que eu ficaria preso entre os dois.

Olhei Hendrik nos olhos.

"Nenhum guardião da lei vai me prender de novo", eu disse, com o rosto sério. "Você entra primeiro, eu sento no final."

Ele olhou para mim, muito sério, e eu o observei com o rosto sério, quando finalmente percebeu que eu estava apenas brincando com ele. Ele aceitou bem a piada e todos nós rimos muito.

De repente, percebi que eu devia ter realmente me destacado no grupo. Lá estava eu, em Toronto, com um empresário próspero e um ex-policial, participando de um curso de escola bíblica de três semanas. Foi cômico. Quero dizer, teria sido completamente compreensível se as pessoas presumissem que eu estava sob sua supervisão; Eu ainda era bastante rude e grosseiro, para dizer o mínimo, ao lado desses estimados e respeitáveis cavalheiros. Digamos apenas que era óbvio que não éramos do mesmo tipo. Eles mantiveram um perfil quieto e discreto, e eu tendia a ser barulhento e extrovertido, e definitivamente me destacava como o centro das atenções na maioria dos lugares que ia... mas acho que eles gostaram disso.

O curso foi extraordinário. Tudo começou com uma lição sobre como ouvir a voz de Deus. Achei o assunto extremamente interessante e bastante direto. Minha voz interior negativa veio do meu inimigo interno, e aquela voz calma, amorosa e encorajadora que eu ouvia cada vez mais pertencia a Deus.

O próximo foi o assunto do amor paternal de Deus. Ouvi atentamente enquanto o orador confirmava que eu era filho de Deus e que o amor eterno de meu Pai por mim era real. Percebi que entendia isso no nível intelectual, mas não no emocional. Ele nos ensinou sobre a diferença entre saber algo intelectualmente e experimentá-lo emocionalmente. Eu estava perdido. Mesmo com toda a minha experiência de imensa dor, não conseguia entender a diferença. Eu sabia, porém, que Deus amava a todos e isso me deu a esperança de escapar da escuridão do meu passado perturbado.

Então, certa manhã, durante o curso, um homem chamado Ed Piorek entrou na minha vida. Ele era um homem mais velho, uma figura enigmática e muito bem falante, com longos cabelos grisalhos, da Califórnia. Ele tinha um tipo de sabedoria discreta e despretensiosa que o diferenciava das pessoas que eu tinha ouvido falar até então. Ele falou lenta e obviamente, suas palavras separadas por longas e intensas pausas. Era como se ele estivesse de olho no que estava acontecendo na sala enquanto ensinava, completamente consciente e aberto a todas as nossas energias.

Fiquei bastante fascinado.

A presença de Ed, porém, foi uma faca de dois gumes para mim. Enquanto ele continuava falando, senti suas palavras mexerem com algo dentro de mim, e eu não tinha ideia do que era. De repente, fui dominado pela emoção e achei quase impossível me concentrar. Nos espaços entre suas palavras e frases, minha mente disparou e meu coração começou a bater desconfortavelmente. Fiquei cativado, mas logo percebi que não era só admiração o que eu estava sentindo, era algo muito mais profundo. Algo confuso e, honestamente, bastante desconcertante.

À medida que esse turbilhão de emoções desconhecidas se derramava sobre mim, fiquei tão desconfortável comigo mesmo de repente, que até saí da sala para encontrar um pouco de silêncio. Mas mesmo assim, esse sentimento estranhamente intenso de enorme admiração por ele ainda me dominava.

Joguei minhas mãos para o alto em um apelo desesperado. O que estava acontecendo? Eu tinha me apaixonado por um homem?

Eu estava completamente confuso. Esperei um momento, depois decidi voltar ao auditório e me sentar de novo. Foi então que percebi uma voz calma e terna dentro de mim.

Apenas um sussurro.

"Meu precioso filho, o que você está sentindo é o amor que tenho por *você*."

Minhas lágrimas começaram a fluir. Lágrimas de alegria. Era como se eu tivesse perdido a vida inteira e finalmente tivesse chegado em casa. Parecia bom demais para ser verdade. Seria possível que, com todas as minhas falhas e erros do passado, eu fosse realmente querido por Deus? Eu magoei pessoas, zombei de Deus e de seus seguidores e lhe dei as costas tantas vezes.

Será mesmo que fui amado incondicionalmente?

Pensei na minha batalha ao longo da vida pelo direito de existir. Pensei no esforço que fiz para obter aprovação e encontrar algum tipo de propósito. O amor que experimentei naquele momento foi tão avassalador que não tive palavras. Eu não conseguia nem me expressar.

Pela primeira vez em toda a minha vida, senti uma paz interior completa.

Naquele momento calmo e lindo, tive uma nova compreensão do evangelho. Jesus era o caminho para o coração do pai e veio construir a ponte entre nós. Já tinha ouvido isso tantas vezes, mas nunca realmente senti. O amor intenso que eu estava sentindo era finalmente me reunir com meu verdadeiro Pai - Deus.

Após o curso, Graham e Hendrik convidaram-me para uma viagem de um dia às Cataratas do Niágara, mas em vez disso decidi ficar para participar num programa chamado "In the Stillness". Fiquei sentado em silêncio por dois dias. Eu - o cara que mal conseguia ficar parado por um minuto sem dizer alguma coisa! Senti-me transformado e, no silêncio daqueles dois dias, percebi que a única coisa que desejamos profundamente, acima de tudo, é ser amados e amar de volta.

Aquelas três semanas em Toronto marcaram uma mudança profunda na minha vida, mas mesmo com todo o crescimento e revelações pessoais, percebi que ainda tinha um longo caminho a percorrer. Os instrutores da escola nos alertaram para termos paciência e entender que era um processo. Nosso desenvolvimento pessoal foi como as camadas de uma cebola. Você pode optar por descascar, fatiar ou picar, e muitas vezes há rasgos envolvidos.

A analogia deles realmente me tocou - assim como uma cebola perde suas camadas, uma de cada vez, podemos lentamente nos livrar de nosso antigo eu, permitindo que o verdadeiro âmago do nosso ser emerja. Fresco e renovado.

Voltei do Canadá com os olhos brilhantes, e pronto para enfrentar quaisquer desafios que surgissem no meu caminho. Comecei todas as manhãs com uma meditação que aprendi no curso. Eu me deitava no chão e dedicava trinta minutos, em silêncio e sem ser perturbado, para ouvir atentamente os sussurros de Deus. Na época, meu amigo Greg e eu saíamos muito juntos, ambos no mesmo ponto de nossas jornadas. Um dia, enquanto meditávamos juntos, de repente me senti estranhamente compelido a ir ao lugar mais improvável: a ala psiquiátrica do Hospital Nacional.

"Uh... a ala psiquiátrica?" Greg respondeu com um sorriso incerto.

Seguindo meu instinto, mesmo estando nervoso, de alguma forma consegui convencê-lo e entramos no carro. À medida que nos aproximávamos do hospital, porém, as dúvidas começaram a surgir. Percebi que se eu entrasse e dissesse que "ouvi uma voz", provavelmente me trancariam como paciente no local. Porém, algo dentro de mim estava completamente determinado e, quando chegamos à entrada da ala psiquiátrica do hospital, avistei um jovem caminhando em nossa direção. Um empurrãozinho inexplicável vindo de dentro me levou a puxar conversa com ele.

"Oi, como você está, amigo?"

"Huh? Meu?"

Seu comportamento era inquieto, seus olhos distantes e uma aura de tristeza o rodeava. Depois de algumas palavras, decidi espontaneamente convidá-lo para um passeio de carro. Ele aceitou hesitante, apesar de suas óbvias reservas, afinal eu era um completo estranho. Enquanto dirigíamos, fiz perguntas para tentar fazê-lo se sentir mais confortável. A escuridão que emanava do pobre rapaz era palpável. Seu nome era Thor, e ele disse a Greg e a mim que havia tentado ser internado na ala psiquiátrica, mas eles o recusaram. Ele estava alugando um quarto em um hotel bem no centro da cidade.

Naquele momento, dentro dos limites de uma simples viagem de carro, os nossos caminhos convergiram.

"Eu ia tirar minha vida", ele pronunciou, exausto. "Eu tinha uma corda no meu quarto. Eu estava pronto para ir. Ser internado foi meu último recurso."

Nos últimos 6 meses, ele tinha ido à ala psiquiátrica 6 ou 7 vezes e estava voltando para finalmente fazer isso quando nos encontrou. Essa era toda a confirmação que eu precisava. Tudo estava cristalino. Sem hesitar, convidei Thor para morar comigo e se juntar à nossa comunidade. Ele aceitou e fomos direto para o hotel e juntamos todos os seus pertences. Tudo menos a corda.

Nós o colocamos sob nossa proteção e ele morou conosco por nove meses, como um novo membro de nossa família. Desde que ele conseguia se lembrar, Thor lutou sozinho com o pesado fardo do abuso que sofreu na infância, mas dentro do abraço carinhoso de nossa comunidade, ele encontrou coragem para falar sobre tudo o que o assombrava. Trabalhamos muito e enfrentamos cada um de seus desafios juntos. Passo a passo. Hoje, Thor é um testemunho incrível do poder transformador do amor de Deus - um homem casado e feliz com sua própria família. Sua história foi tão maravilhosa, aliás, que ele até se tornou inspiração para a casa de recuperação que estabelecemos em nossa igreja, oferecendo refúgio a quem a buscasse. Fiquei tão emocionado por Thor e muito orgulhoso. Ele nos deu a prova definitiva de que é o amor que cura feridas, dá segundas chances e reconstrói vidas.

Ele era a prova viva dos efeitos transformadores do amor do Pai. Ou, como Thor chamou – "Um abraço do papai".

29
OURO

Com o sucesso da igreja e da casa de recuperação, a notícia continuou a espalhar-se como fogo, e todos os tipos de pessoas começaram a passar pelas nossas portas, desde criminosos a polícias, de cristãos a ateus e viciados - uma mistura louca de almas diversas e interessantes. Exatamente como queríamos.

Um dia, até convidamos um oficial da SWAT para falar para nós. Seu nome era Ivan. Ele ficou alto e orgulhoso no púlpito, bem em frente ao antigo balcão do bar do antigo bordel, e contou a história de Raabe, a figura transformadora do Antigo Testamento, que mudou seus hábitos ao abandonar a prostituição e seguir a Deus. A ironia não passou despercebida a ninguém e tive que sorrir. Ivan, que muitas vezes visitou o local como policial oficial quando o local era um bordel, agora estava ali pregando uma mensagem de mudança.

Ele continuou e declarou com orgulho e sem qualquer explicação,

"Já estive aqui muitas, muitas vezes no passado... mas com um propósito muito diferente!"

Eu tive que reprimir uma risada. Seu propósito permaneceu um mistério e, durante dias após seu discurso, rumores e boatos começaram a circular, e alguns dos convidados concluíram que ele devia ser um "recorrente" do bordel. Tentei ao máximo corrigir esse mal-entendido sempre que as pessoas vinham falar comigo, mas logo percebi que não o julgavam, verdade ou não. Essa atitude de mente aberta era exatamente o que eu adorava na cultura que nos caracterizava como grupo.

À medida que nossas reuniões continuavam a aumentar, Graham, com seu jeito prestativo de sempre, abordou-me depois de uma reunião que estava tão lotada que as pessoas mal conseguiam se mover.

"Sabe, Baldur, acho que conheço um bom lugar para você. Na verdade, sempre achei que deveria ser uma igreja. Venha comigo. Vou te mostrar!"

E assim, um novo capítulo começou. Dirigimos até o lado industrial da cidade e Graham me levou direto para a antiga academia de boxe onde eu havia treinado muitos anos antes. Quando entrei, as lembranças inundaram meus sentidos e quase pude ouvir o barulho das luvas nos sacos de pancadas.

"Você pode usar este espaço de graça", declarou ele, sorrindo de orelha a orelha.

Mais uma vez, sua generosidade me deixou sem palavras! Arregaçamos as mangas, começamos a trabalhar e transformamos o antigo ginásio no nosso novo santuário. Com capacidade para várias centenas de pessoas, tornou-se o local perfeito para os nossos encontros.

Poucos dias depois de abrirmos, um homem conhecido localmente como 'Sam Syringe' me contatou do nada. Morador de rua experiente e terrível usuário de drogas, ele me expôs sua luta.

"Baldur, você pode me ajudar?" Ele estava realmente desesperado. "Não aguento mais".

"Você está disposto a desistir de tudo e se voltar para Deus?"

"Eu não vou conseguir se não fizer isso", ele sussurrou, exausto.

O cansaço em sua voz era palpável. "Nesse caso, traga tudo aqui o mais rápido que puder. Suas agulhas, seus medicamentos, suas seringas... tudo isso."

No dia seguinte, Sam me entregou uma sacola contendo todo o seu mundo, e eu joguei direto no lixo, ali mesmo, na frente dele. Ele me olhou nervosamente nos olhos e depois entrou em nossa igreja. Em um novo programa. Em sua nova vida. Acreditamos nele e, contra todas as probabilidades, Sam conseguiu. Pela primeira vez na vida, ele entregou tudo a Deus.

Sua história também despertou uma onda louca de interesse, e nossa casa de recuperação começou a se tornar um refúgio para os perdidos. Acolhemos delinquentes notórios, drogados graves, pessoas que encontramos nas ruas e que tinham perdido tudo. Nosso método era muito simples: encontraríamos qualquer pessoa que precisasse de ajuda real, qualquer pessoa desesperada o suficiente para sacrificar tudo para se curar. Nós iríamos buscá-los, alimentá-los e protegê-los e, o mais importante, apresentá-los a Jesus. Embora eu estivesse firme em minha fé na época, ainda era incrivelmente controlador e desesperado para fazer tudo funcionar, então não permiti que eles escapassem impunes com nenhum protesto. Eles tiveram que seguir o caminho que tentamos e testamos. Nenhuma pergunta era permitida.

Nessa época, Jonathan me contou sobre um jovem, Chris, ex-líder da igreja pentecostal local, que estava agora preso em uma terrível espiral descendente. Ele perdeu o emprego, abandonou qualquer fé, voltou a beber muito e a usar drogas, e agora era um viciado em computador que nunca saía de seu apartamento no sótão.

Johnathan estava convencido de que poderíamos trazê-lo e ajudá-lo. Eu consegui o número dele e cara, eu persisti. Simplesmente voltei ao apartamento dele e toquei a campainha, até que a vergonha não conseguiu mais mantê-lo escondido. Ele ficou ali deitado, tremendo e com uma ressaca horrível. Mais tarde, ele me disse que achava impossível a ideia de voltar à igreja e que o peso de sua vergonha e constrangimento o mantinha escondido atrás de portas fechadas.

Nossas reuniões se tornaram o refúgio de Chris, e ele lentamente abandonou seus vícios, um por um, e realmente se juntou à nossa operação e começou a trabalhar conosco, ficando ao meu lado como um bom pilar de apoio.

Iniciamos um novo programa chamado 'The Disciple School'. O número de pessoas que se inscreveram em nosso programa foi incrível, visto que éramos basicamente novatos na área. Eu aspirava ser real, honesto e despretensioso e, de repente, o nosso alcance estendeu-se a todas as comunidades rurais de Reykjavik, e até começámos a receber visitantes do estrangeiro - como o meu inesquecível amigo da Nigéria, Felix.

Quando o conheci, ele não tinha onde ficar, então ofereci-lhe um colchão na cozinha, pois na época literalmente não tínhamos espaço livre nem camas. Felix era um personagem muito engraçado e divertido, e como ele morava praticamente na cozinha, muitas vezes preparava deliciosos ensopados africanos para nós, que todos os caras devoravam com gosto.

Levei-o para passear e mostrei-lhe a Islândia, e um dia, enquanto passávamos por um túnel que passava sob um fiorde, Felix de repente endireitou-se e gritou: "Não, não, não, cara! Você está dirigindo para a terra. Vamos para o inferno?

Naquela mesma noite, no campo, ele viu pela primeira vez a aurora boreal dançando no céu e levou as mãos à cabeça, maravilhado com a visão.

"Ah! Deve haver uma guerra no céu!"

Era ouro puro! As observações de Felix foram repletas do espanto e da confusão de alguém que vivencia o extraordinário pela primeira vez, e foi maravilhoso. Felix foi apenas um dos muitos hóspedes que vieram nos visitar do exterior e acabaram ficando mais tempo do que o esperado. Todos os dias com ele, testemunhamos o poder transformador do Evangelho. Um lembrete constante de que

Gelo e Fogo

Deus vê dentro dos nossos corações e que, tal como Jesus, qualquer um pode olhar para uma poça lamacenta, para além da superfície escura e turva, e ver o ouro que Deus escondeu ali.

30
PERDOAR

Era agosto de 2009, quando experimentei o que deve ser um dos encontros mais importantes e purificantes da minha vida.

Foi um grande fim de semana de feriado na Islândia, e um grupo de nós da nossa congregação decidiu ir ao festival cristão que aconteceria naquele sábado à noite. Quando chegamos, o diretor da igreja que estava organizando o evento me abordou com um pedido inusitado.

"Baldur, tudo bem se eu chamar você para subir ao palco hoje à noite?" ele perguntou.

Curioso, eu disse: "Claro. Por que?"

"A mãe de Emil está aqui e quero orar por você."

Meu coração quase parou. Emil era o jovem cujo nome esteve em meu coração e na ponta da língua, todos os dias, durante anos. O jovem que perdeu tragicamente a vida e cuja vida se tornou inextricavelmente entrelaçada com a minha. Agora, a mãe dele estava no festival e eu estava prestes a enfrentá-la em um ambiente muito público.

Uma onda de pensamentos confusos inundou minha mente. O que eu poderia dizer à mãe dele? Como eu poderia encará-la na frente de todas essas pessoas?

Eu sabia que meras palavras não poderiam compensar a terrível perda que causei a ela. Minhas ações impensadas e imprudentes levaram à morte de seu filho quando ele estava no auge da vida. Cheio do mesmo velho pavor e arrependimento, quanto mais pensava no que dizer a ela, mais impotente me sentia. Minhas palavras inúteis nunca seriam capazes de aliviar a dor que infligi a ela e sua família. No entanto, no fundo, senti uma pequena sensação de paz e sabia que Deus estava comigo.

A assembléia começou com um concerto e, para meu alívio, a música encheu o ar. À medida que a música continuava, aquela sensação de paz interior que estava despertando tornou-se mais forte e, num instante, decidi colocar minha confiança inteiramente nas mãos de Deus. As mesmas palavras guiando e ecoando dentro de mim, enquanto a música tocava.

"Você não é o seu passado. Você está perdoado."

Então chegou o momento e o diretor da igreja me chamou ao palco. A mãe de Emil já estava ali, esperando. Eu estava tremendo. Ele falou para o público, dando o tom emocional para o momento.

"Uma mãe está aqui esta noite, em frente ao homem que causou a morte de seu filho."

Um silêncio caiu sobre a assembléia.

"Ela está aqui para perdoá-lo."

Naquele instante, a mãe de Emil caminhou em minha direção, parou na minha frente e, para minha total surpresa, num ato de graça altruísta, me tomou nos braços.

Nós nos abraçamos.

As palavras saíram da minha boca e eu me senti desmoronando enquanto falava em seu ouvido. Usei todas as palavras que pude reunir para expressar minha tristeza pelo sofrimento e pela perda que causei a ela. Sofrimento e perda indescritíveis que eu nunca poderia expiar. Eu disse a ela que estava determinado a passar o resto da minha vida ajudando outras pessoas que estavam passando por dificuldades.

"Baldur... eu te perdôo."

Suas palavras me deixaram sem fôlego e senti uma liberdade diferente de tudo que já havia experimentado. Ela e Deus me concederam um presente que eu nunca poderia dar a mim mesmo. O presente mais valioso da minha vida é a liberdade do meu passado.

Lágrimas escorreram pelo meu rosto. Eu estava completamente desfeito.

Descendo juntos do palco, olhamos para o salão lotado, para centenas de olhos brilhando com lágrimas.

A mãe de Emil foi posteriormente entrevistada por um site de notícias e disse-lhes:

"Quando penso no passado, inicialmente não tinha intenção de perdoar. As pessoas tentaram me convencer a comparecer a esta

convenção por dois anos, sabendo que ele poderia estar lá. Na terceira vez que fui convidado, decidi ir. Naquela sexta-feira, fui convidada a subir ao palco para receber oração. Eu sabia que o homem que me convidou conhecia a minha história, mas disse não.

Então, no sábado, enquanto nos preparávamos, ouvi um sussurro em meu ouvido.

Eu sabia que era meu filho.

Ele disse: "Mãe, Deus e eu perdoamos... agora é a sua vez." Levei isso comigo quando fui para a assembleia naquela noite, e quando o mesmo homem me pediu para subir ao palco, eu apenas disse sim, sem hesitação. Subi no palco, caminhei em direção a ele e nos abraçamos. O perpetrador e eu. Ele falou no meu ouvido e eu falei no dele. Eu o estava perdoando."

"Não foi difícil?" *o entrevistador perguntou.*

"Sim, meu Deus todo-poderoso. Quando voltei, estava tremendo como uma folha. Meus nervos estavam completamente à flor da pele.

Entrevistador: "Devo esclarecer que estive lá naquela noite e foi o momento mais lindo que já presenciei".

Naquela noite incrível, fui aliviado do fardo mais pesado da minha vida. Até aquele momento, a ideia de esbarrar na mãe de Emil sempre me enchia de pavor total sempre que eu saía da porta da frente. Esse medo havia desaparecido, eu estava me curando e todos os meus problemas pareciam tão distantes.

31
NASCE UM FILHO

Em 2010, embora meu trabalho estivesse indo de maneira fantástica, eu ainda tinha um longo caminho a percorrer em minha vida pessoal. Aspectos de minha antiga natureza continuavam ressurgindo, e meus velhos padrões e comportamentos familiares ainda me faziam tropeçar. Principalmente minha tendência de ser um pouco controladora.

Um dia, Graham me chamou de lado na igreja, para uma conversa particular, ressaltando gentilmente que eu não poderia pedir ajuda a ele simplesmente estalando os dedos.

"Eu faço isso?" Eu perguntei, envergonhado e genuinamente surpreso.

Mas percebi que ele estava certo. Não foi nada intencional, mas pude ver como deve ter parecido. Eu tinha o velho hábito de estalar os dedos para fazer as coisas e sempre havia alguém pronto para entrar em ação. Isso era algo em que eu poderia trabalhar facilmente, mas havia questões mais profundas que precisavam da minha atenção, especialmente quando se tratava de meus relacionamentos pessoais.

Naquela época eu era solteiro e celibatário, já havia me separado da minha namorada há algum tempo. Quando nos conhecemos, eu era cafetão, viciado em drogas e um criminoso empedernido, e quando nosso relacionamento terminou, ela estava namorando um cara que havia fundado uma igreja, não bebia e de repente acreditava na abstinência antes do casamento. Não funcionou mais para ela e eu entendi. Eu era tão diferente que até decidi deletar toda a pornografia que tinha, erradicá-la da minha vida e abraçar o celibato completo. Quando me sentei na frente do computador e a dopamina correu para meu cérebro enquanto eu abria cada imagem para excluir, percebi que a pornografia desencadeou em meu cérebro a mesma sensação que cheirar uma linha de cocaína. Eu precisava estar livre de *tudo*.

Bem a tempo da reviravolta mais irônica do destino - uma linda mulher, que trabalhava como modelo, começou a comparecer às nossas reuniões. Logo fiquei apaixonado e, apesar da cautela de Jonathan sobre nossos caminhos diferentes, mergulhei de cabeça em um relacionamento com ela. Não valorizei meu voto de castidade.

Antes que me desse por conta, ela estava grávida. Nosso relacionamento foi difícil desde o início, mas, em minha fé infantil, eu acreditava que dar o nó resolveria magicamente nossos problemas. Então, nos casamos naquele verão, quando ela estava grávida de vários meses. Longe de desaparecerem, nossos problemas só pioraram. Basicamente, eu vivia com minha bolsa de ginástica, brigávamos como gato e cachorro e comecei a passar cada vez mais noites na casa da minha mãe.

Não é de surpreender que esses problemas conjugais tenham me impedido de prosperar na igreja. Eu escolhi uma mulher que nenhuma das pessoas mais próximas de mim teria escolhido para mim. Eu fiz isso pelos motivos errados e todos sabiam disso. Graham e Selma foram minha rocha durante esse tempo, e seu amor e apoio me impediram de desistir completamente.

Mas um raio de luz irrompeu em 15 de janeiro de 2010. O dia em que meu filho veio ao mundo.

A pura alegria de tê-lo em meus braços foi avassaladora. Chorei de alegria na maternidade enquanto embalava meu lindo filho e, naquele momento, quase literalmente senti meu coração se expandir para dar espaço a todo o amor que eu tinha por meu filho. Isso despertou em mim um raio de esperança – talvez as coisas mudassem para melhor, agora que éramos pais.

Não melhorou.

Brigamos, o casamento se deteriorou e minha esposa voltou a beber.

As coisas pioraram quando ela chegou em casa bem tarde uma noite e começamos a discutir, terminando com ela me atacando enquanto eu segurava nosso filho de sete meses. Consegui virar as costas para ela, mas ela me deu socos, chutes e arranhões até que corri para o banheiro e me tranquei lá dentro. Embora fosse meio da noite, liguei para Graham em pânico e disse que não ousava sair do banheiro. Se o fizesse, tinha medo de fazer algo terrível por engano. Liguei para a polícia também, e eles chegaram na mesma hora que Graham. Me senti quase um bobo ligando para a polícia por causa de uma disputa doméstica, mas não sabia mais o que fazer, trancado ali com meu filho chorando nos braços. Além disso, essa não foi a única vez em nosso relacionamento que me tranquei em um quarto para fugir de uma situação ruim.

Nosso casamento se dissolveu de uma vez por todas quando nosso filho tinha um ano de idade. Eu sempre voltava correndo, mas a essa altura já estava farto. Eu lutei pelo meu casamento o máximo que pude. Saí com uma mochila de ginástica cheia de roupas, me sentindo um perdedor. Aqui estava eu, sonhando em viajar pelo mundo e pregar, e até fiz uma bagunça no meu próprio casamento.

Então surgiu a questão da custódia. Por um tempo, parecia que o melhor que eu poderia esperar era ser pai de fim de semana. Então recebi uma intimação ao tribunal para avaliação da custódia. Ao abrir a carta, minha ansiedade era extraordinária e a única coisa que consegui pensar em fazer foi orar. Eu sabia que quase não havia chance de conseguir a custódia, por causa do meu passado difícil.

Enquanto eu orava, minha ansiedade foi diminuindo gradualmente, e aquela voz que eu estava cada vez mais acostumada a ouvir dentro de mim me garantiu.

"Eu lhe darei as palavras para falar"

A batalha pela custódia do meu filho teria um grande impacto sobre mim. Meu filho era meu tudo e isso era apenas o começo.

32
HEY, IRMÃ MAIS NOVA

Em 2011, me vi divorciado, deprimido, ainda travando uma terrível batalha pela custódia e cuidando sozinho do meu filho. Durante esse tempo, minha mãe estava sóbria e passando muito bem, então fui morar com ela. Ela forneceu um apoio valioso cuidando de meu filho enquanto eu estava no trabalho. Além do meu trabalho na igreja, consegui um emprego extra em vendas em um call center e estava me sentindo otimista em relação ao meu futuro em geral. Na minha primeira noite de trabalho, superei as vendas combinadas de todo o departamento. Foi ótimo - o trabalho me convinha bem e eu poderia fazer bom uso da minha experiência. Em pouco tempo, me vi prosperando em minha nova função e supervisionando uma equipe de vendas de quase trinta pessoas. Eu vinha ajudando outras pessoas apenas como voluntário desde que fiquei sóbrio e estava nervoso em entrar no mercado de trabalho, mas, finalmente, estava de volta ao jogo.

Então, do nada, a tragédia aconteceu.

Eu estava em uma joalheria no shopping quando meu telefone tocou. Foi por volta do meio-dia do dia 30 de abril de 2011.

"Olá, Baldur. Esta é a polícia. Estamos com sua mãe. Você pode vir agora mesmo?"

"Qual é o problema com ela?"

"Por favor, venha agora."

Fiquei frustrado. Doente e cansado de se envolver na bagunça da minha mãe. Eu pensei que ela provavelmente estava bêbada e se meteu em algum problema.

O policial insistiu. "Baldur, você deve vir agora. Isso é muito sério!"

Sua voz estava pesada.

"Ok, estou indo," eu disse relutantemente.

Fui recebido em casa por um padre e um policial.

Eu sabia então. Alguém estava morto.

"Quem era?"

O peso do momento pesou sobre mim enquanto eu estava com o padre, esperando por uma resposta. Foi então que vi minha mãe. Muitas vezes eu a vi chorar, desmoronar e desmaiar sob a pressão de todos os tipos de abuso, trauma e estresse, mas nunca a tinha visto assim antes.

"Hanna", ela soluçou. "Ela está morta…"

As palavras me atingiram como um trem de carga. "O que? Como?"

Soltei um gemido antes que alguém pudesse responder. Tropecei na sala ao lado, atordoado, e bati na parede. Minha irmã mais nova tinha acabado de comemorar seu aniversário de 20 anos no dia anterior! Não poderia ser verdade.

Tentei controlar minha respiração.

Mamãe entrou na sala e disse alguma coisa, mas minha agonia abafou suas palavras. Assumi o papel que sempre desempenhei em minha família, desde pequeno. Aproximei-me do policial, buscando desesperadamente respostas.

"Desculpe. Ela foi encontrada morta por overdose", disse ele. "Ela já havia morrido quando a ambulância chegou."

"Hana? Uma overdose... eu não entendo..." Minhas palavras ficaram no ar.

Como isso pôde acontecer com a esperança mais brilhante de nossa família? Hanna, nossa incrível e talentosa jogadora de futebol da seleção nacional. Ela tinha acabado de compartilhar comigo seus planos de estudar psicologia na Universidade da Islândia alguns dias antes. Pensei no anel que lhe demos, com a frase "Nossa Heróina" gravada. Ela era nossa estrela brilhante. Ela até abraçou a fé e começou a frequentar a igreja comigo.

Tudo estava indo tão bem.

Cada vez que eu inalava; Senti uma dor aguda no peito. Como minha Hanna poderia estar morta?

Mamãe e minha irmã Sophie ficaram ali paradas. Imóvel. Sua dor e desesperança eram palpáveis. Perguntei-lhes se nosso irmão David sabia, já que na época ele trabalhava no campo. Ele não sabia.

Eu o chamei.

"David... preciso te contar uma coisa..."

"O quê, Baldur? O que aconteceu? Você está chorando?"

"Sim ela..."

O que eu não sabia era que David estava num restaurante naquele exato momento, lendo uma notícia com a manchete: "Quatro presos em conexão com a morte em Árbær".

"É Hanna?"

"Sim..."

Choramos juntos ao telefone. Meu único desejo era pegar meu irmãozinho, que estava a centenas de quilômetros de distância, em meus braços.

"Estou voltando para casa agora", ele sussurrou.

Ligamos para nossos familiares mais próximos e mamãe e eu fomos para o hospital. Entrei na capela onde minha irmãzinha estava deitada no meio da sala. Minha família mais próxima se reuniu. Meu rosto estava vermelho de lágrimas quando me inclinei sobre ela para beijar sua testa. Quando meus lábios a tocaram, pude sentir que ela ainda estava quente. Passei os braços em volta de mamãe, que tremia e chorava inconsolavelmente.

Quando David chegou, suas pernas cederam e ele caiu no chão, chorando.

Recusei-me a aceitar que Hanna havia partido. Começamos a orar. Eu tinha visto Deus realizar milagres incríveis em minha vida e na vida de outras pessoas. Tínhamos que ter o nosso milagre. Até Arnold, o padre da igreja estatal, levantou-se e juntou-se à nossa oração para ressuscitá-la dos mortos. Todos nós lemos as histórias da Bíblia e ouvimos que elas ainda acontecem hoje.

Foi inimaginavelmente doloroso ver o desespero e a mágoa nos rostos de todos os meus entes queridos. Ficamos juntos e oramos por várias horas até que, finalmente, todo o sangue foi drenado do rosto de Hanna.

Ela estava tão branca quanto o lençol em que estava deitada.

Eu chorei amargamente. Eu não entendi como isso poderia ter acontecido. Por que ela, entre todas as pessoas? Eu não sabia que naquele exato momento o jovem acusado de sua morte estava na sala ao lado da capela.

Assim que cheguei em casa, na necessidade desesperada de descobrir o que aconteceu, descobri quem havia sido preso por matar Hanna e que ela havia recebido drogas caseiras. Ela estava seminua e o responsável a estava filmando. Tinha sido sua festa de aniversário.

Também logo descobri que havia sido colocado sob forte vigilância policial, pois os policiais estavam convencidos de que eu iria resolver o problema com minhas próprias mãos e dar uma lição ao cara. Eu estava sendo vigiado, mas não recebi nenhuma informação sobre o caso dela, por uma questão de sigilo policial. Alguns dias depois, um velho amigo veio me ver -

"Baldur, deixe-me cuidar disso, você não deveria ter que lidar com isso! Tenho dois caras estrangeiros disponíveis que podem cuidar do cara. Basta acenar com a cabeça e eles cuidarão disso."

Eu estava tão em conflito. Um amigo estava na minha frente, oferecendo-se para vingar a morte da minha irmã mais nova. Fiquei dominado pela tristeza, mas, ao mesmo tempo, dediquei os últimos 3 anos a pregar o perdão, o amor e a restauração. Porém, minha necessidade de vingança venceu e, naquele momento, com meu sangue fervendo e correndo pelos ouvidos, balancei a cabeça.

Eu dei o sinal.

No dia seguinte saí para correr, como fazia todos os dias com Hanna. Enquanto corria, de repente senti como se Hanna estivesse ao meu lado. Eu senti a presença dela. Eu a senti falar comigo.

"Baldur, como você quer se lembrar de mim?"

Comecei a chorar e parei de correr. Procurei desesperadamente meu telefone, tremendo, e liguei para meu amigo.

"Não toque nele. Apenas deixe-o em paz. Fui recebido por um longo silêncio do outro lado da linha.

"Baldur?"

"*Só... não toque nele.*"

Mais tarde, quando o perpetrador foi condenado e enfrentou a justiça, senti uma pequena semente de compaixão. Imaginei uma futura visita a ele na prisão, veria seu remorso ao olhar para ele, o abraçaria em perdão e lhe daria um convite aberto para vir à nossa igreja. Mas, por enquanto, o perdão não estava nem perto.

Por enquanto, era hora de lamentar a morte de Hanna.

A visão dela deitada em um caixão branco no funeral me deixou sem fôlego. Orei a Deus para que naquele momento me desse forças para cantar nossa música, uma música que eu cantava para ela tantas vezes desde que ela era um bebê. Olhei em volta para ela, para quem ela era mais próxima e querida, fiquei diante de minha irmã mais nova e, de alguma forma, cantei.

Após o culto, alguém veio até mim e disse: "Baldur, você deveria estar orgulhoso. Onde estaria sua irmã se você não tivesse escolhido esse caminho?" Então, percebi. Uma única luz na escuridão. Eu havia levado Hanna à fé. Eu a batizei. Agora minha linda irmã estava no céu.

Eu a veria novamente. Este não foi um adeus para sempre.

Então, nós a levamos para fora da igreja e colocamos seu caixão na terra.

Exatamente um ano depois do dia do falecimento de Hanna, chegou o dia da audiência de custódia do meu filho. Foi uma batalha exaustiva que durou um ano e nunca senti tanto medo em minha vida.

Sentei-me na sala do tribunal e esperei ansiosamente. O processo atrasou devido ao atraso da minha ex-mulher, mas então ela finalmente chegou, o juiz entrou e os advogados se revezaram na abertura da audiência. O psicólogo avaliador, que demonstrou gentileza comigo, disse algumas palavras encorajadoras sobre mim como pai. Finalmente, no final da sua declaração, o meu advogado colocou a questão mais crucial.

"Qual pai você considera mais adequado para assumir a custódia da criança?"

A resposta do psicólogo me encheu de alívio.

"Considero Baldur mais adequado para a custódia da criança."

"Embora Baldur tenha causado acidentalmente a morte de um homem, ele demonstrou, através da vida que vive hoje, que não é o mesmo homem que era antes", concluiu o juiz.

Recebi a custódia total.

Eu não pude acreditar no que ouvi. O uso da palavra "acidentalmente" pelo juiz para descrever o crime que cometi contrastou completamente com o julgamento original, quando fui rotulado de "bandido sem circunstâncias atenuantes". O sistema jurídico finalmente reconheceu que eu não pretendia tirar uma vida.

Foi como se, de repente, meu passado estivesse sendo reescrito!

Ao sair do tribunal naquele dia, lembrei-me das palavras que ouvi Deus me dizer quando dei os primeiros passos em sua direção. "Você não é o seu passado."

Naquela tarde gloriosa, eles pareciam mais verdadeiros do que nunca.

33
ABENÇOE ESTA CASA!

Após o falecimento de Hanna, seguiu-se um período de grande luto. Meu coração estava partido e todos os meus sonhos de viajar pelo mundo e compartilhar a mensagem pareciam agora em farrapos. Hanna deixou um enorme vazio na minha vida. Minha decisão de perdoar o homem que testemunhou egoisticamente a morte de minha irmã, sem lhe dar qualquer ajuda, não foi fácil e tive que tomá-la repetidas vezes, dia após dia, pelo que pareceu uma eternidade. Eu estava realmente sofrendo e, para acrescentar a isso, senti que simplesmente não conseguia ouvir Deus tão bem quanto antes. Fiquei frustrado.

Por que não pude ouvi-lo agora, durante o momento mais difícil da minha vida?

Senti como se tivesse decepcionado completamente minha família, Deus e a igreja, e a cada dia meu coração ficava mais duro e cínico. Minha mãe era uma bagunça e a polícia sempre me ligava porque ela saía para ficar bêbada e causar problemas. Minha irmã Sophie estava visivelmente angustiada e começou a beber e a ter todo tipo de drama familiar horrível também. Eu estava com medo por ela e fiquei preocupado com a possibilidade de perdê-la também. Tentei o meu melhor para fazer o que pude por todos e continuei os convidando para reuniões e para a igreja, como um consolo.

Embora eu fosse líder da igreja há muito tempo, eu estava em um estado terrível, então Graham e Selma sugeriram que eu fizesse uma pausa. Certo domingo, eu estava com os olhos fechados na igreja, ouvindo música, quando um amigo meu, Oliver (que agora dirige o United Minisrty, na Islândia) se aproximou de mim.

"Baldur, você gostaria de me ajudar a fundar o United Reykjavík?" ele perguntou. Um programa missionário pensado para chegar aos jovens da cidade.

Eu ri com o pensamento. "Você não me quer. Confie em mim."

"Tudo bem", ele disse, "mas você está pelo menos disposto a orar sobre isso?"

Concordei em orar sobre isso, sentindo-me inseguro, e fechei os olhos novamente para me concentrar na música. Ele teria que esperar, eu definitivamente não estava com a mente certa para um novo projeto. Eu apenas o decepcionaria.

Quando comecei a pensar sobre a pergunta de Oliver, uma sequência vívida se desenrolou em minha mente como cenas de um filme. Eu me vi deitado desorientado no chão de um ringue de boxe. Um oponente enorme e formidável se erguia acima de mim, me provocando. "Seu perdedor patético. Você não consegue nem ficar de pé. Você destrói tudo que toca. Fique aí no chão, sua ovelha negra!"

O lutador continuou com sua zombaria miserável, mas enquanto eu estava deitado no chão, de repente ouvi uma voz gentil e amorosa.

"Baldur, levante-se. Eu te amo."

Fiquei imediatamente cheio de emoção crua. Será que Deus ainda tinha fé em mim? Ele estava me incentivando a aproveitar a oportunidade e trabalhar com Oliver?

Abri os olhos e fui direto até Oliver. "Então, acho que talvez eu queira ajudá-lo, afinal", sorri. "Eu sabia!" ele disse animado, me agarrando em um abraço apertado.

Iniciamos imediatamente nosso planejamento e decidimos começar a realizar reuniões em um teatro no centro da cidade. O prédio que utilizamos ficava em uma rua da zona leste da cidade, cercada por antros de drogas. Muitas pessoas na área não estavam em uma situação muito boa na vida. Senti minha esperança agitar-se novamente. Minha esperança de viver minha vida de acordo com meu chamado para ajudar os outros.

Tínhamos acabado de começar a obra para consertar o lugar, quando um dos caras da rua, chamado Tommy, passou para dar uma olhada. Eu conhecia Tommy de minhas tentativas anteriores de ajudá-lo a ficar sóbrio. Ele era um personagem e tanto.

"O que vocês estão fazendo aqui?" ele perguntou ansiosamente.

"Estamos mudando a igreja para cá."

"Uma igreja!!" Ele sorriu, arrancando a jaqueta de couro, jogando-a no chão e esticando as mãos em direção ao céu.

"Querido Pai Celestial", ele orou com alegria e em voz alta. "Abençoe esta casa! Que seja uma bênção maravilhosa e uma nova esperança para muitos! Amém!"

Senti lágrimas brotando nos cantos dos meus olhos enquanto o observava sorrindo. Ele estava mal vestido, bastante fedorento e completamente embriagado, mas quem melhor para abençoar nossa nova casa? Parecia tão imprevisto que ele entrasse cambaleando e orasse por nós, e nós dois ficamos profundamente tocados. Sua oração também foi atendida... com o tempo, a igreja teve uma influência incrivelmente positiva na vizinhança. Ajudamos muitas pessoas e os viciados locais foram gradualmente diminuindo em número, melhorando também a imagem geral da região.

No entanto, nem sempre foi fácil. Tivemos muitos problemas e incidentes interessantes ao longo do caminho. Como Andy, um usuário ativo de drogas, que um dia se juntou a nós para uma reunião. Percebi que ele saiu abruptamente quando a reunião começou, apenas para descobrir depois que havia roubado a caixa de coleta. Eu sabia que a maior parte do tráfico de drogas no bairro acontecia em um determinado apartamento no porão da rua, e todos os viciados ficavam por lá, então fui direto até lá e bati na porta. O homem que me cumprimentou era um viciado de longa data e me reconheceu instantaneamente do passado, balançando a cabeça.

"Andy está aqui?"

"Não", ele respondeu franzindo a testa.

"Eu sei que ele está lá. Diga a ele para sair e falar comigo."

Ele suspirou e voltou para dentro, onde o ouvi conversando com Andy. Curvado de vergonha, Andy saiu pela porta.

"Andy, onde está a caixa de coleta?"

Ele arrastou os pés no chão, me ignorando. Olhei-o diretamente nos olhos.

"Andy, me dê a caixa."

Seguiu-se um breve silêncio, depois ele voltou para dentro para pegá-la, murmurando: "Suponho que você queira que eu saia para poder me bater."

Ele voltou e olhou para mim, cheio de vergonha. Ele roubou as únicas pessoas que sempre estiveram prontas e dispostas a ajudá-lo.

"Andy, nós amamos você e estou ansioso para ver você ficar sóbrio novamente. Você é sempre bem-vindo na igreja. Isso não muda nada entre nós, ok!"

Dei-lhe um grande abraço e fiquei ali segurando-o por um tempinho. Ele ficou paralisado, olhando para mim enquanto eu saía, seu rosto era um grande ponto de interrogação. Minha resposta o pegou totalmente desprevenido. Não demorou muito para que ele voltasse a uma reunião e nós o recebemos de braços abertos.

A igreja estava sempre aberta, então alguns personagens reais entravam e saíam a qualquer hora. Uma noite, um cara que chamamos de 'Príncipe Danny' entrou e pediu para me ver. Ele esteve na prisão ao mesmo tempo que eu, então eu o conhecia vagamente. Entrei para encontrá-lo e nos sentamos na sala de oração. Ele estava muito angustiado e emocionado. Ele sentou-se e confessou todas as transgressões que cometeu em sua vida, para mim. Fiquei atordoado. Quando ele terminou, houve um breve silêncio.

"Deus pode me perdoar?" ele perguntou.

Danny estava na prisão desde que tinha idade suficiente para ser preso. Ele teve uma infância miserável e realmente tinha muito pouca esperança de uma vida normal depois do abuso que sofreu. Ele me contou toda a sua história com muita humildade e coragem. Fiquei muito emocionado.

Oramos juntos por um tempo e então ele foi embora. Descobri mais tarde que ele havia morrido na prisão. Ele foi apenas um dos muitos que morreram no sistema prisional, porque não recebeu a ajuda e o apoio adequados. Fiquei muito angustiado com a morte dele. A raiva cresceu dentro de mim, alimentada pela injustiça vivida por tantas crianças nascidas em famílias disfuncionais. Então, minha raiva se transformou em paixão. Uma paixão por defender aqueles na sociedade, muitas vezes postos de lado e julgados. Muitas pessoas ficaram presas ao passado e era hora de fazer algo a respeito.

Mas primeiro tive que confrontar meu próprio passado e, numa reviravolta inesperada e maravilhosa, Deus enviou uma mulher linda e notável para me ajudar a fazer exatamente isso.

34
EU ESCOLHO *ELE*!

Às vezes o que você precisa está bem diante dos seus olhos, basta abri-los. Não demorou muito para que eu conhecesse uma mulher. Uma mulher que mudaria minha vida completamente. Uma mulher que eu nunca teria conhecido se não tivesse participado do programa dos Doze Passos.

Estávamos no mesmo grupo de recuperação há anos, mas nunca tínhamos nos visto. Ela parecia irradiar calma e integridade, e de repente me senti atraído por tudo nela. Seu cabelo loiro, seu sorriso contagiante e sua presença deslumbrante foram complementados pelo que parecia ser uma sabedoria interior e maturidade que me deixou ainda mais interessado. Intrigado, comecei a perguntar sobre ela. Descobri que o nome dela era Barbara, ela era mãe solteira de seis filhos e era um pouco mais velha que eu.

Certa noite, enquanto eu pregava no United Reykjavík, tive um vislumbre dela na plateia. Após a reunião, procurei por ela e a encontrei recebendo oração de um amigo meu. Decidi arriscar e me aproximar dela.

"Oi. Bárbara? Posso orar por você?" Eu perguntei a ela.

Ela assentiu, sorrindo.

Daquele momento em diante, eu simplesmente não conseguia tirá-la da cabeça. Ela foi maravilhosa! Alguns dias depois, dei um salto de fé e decidi enviar-lhe um pedido de amizade no Facebook. Esperei, nervoso, torcendo para que ela aceitasse. Para minha alegria, ela o fez e, desajeitado e sem saber o que dizer, enviei-lhe uma mensagem sob o pretexto de vender serviços telefônicos (meu trabalho diário na época). Fiquei agradavelmente surpreso quando ela respondeu e começamos a conversar. A conversa fluiu facilmente. Porém, desconfiado de meu passado recente e de relacionamentos fracassados, fiquei com medo de ter muitas esperanças. Decidi buscar o conselho de alguns amigos que estavam em um casamento bem-sucedido há muitos anos. Certa vez, uma pessoa sábia me disse que não se vai até um homem falido e lhe pede conselhos financeiros. Abri e tive uma ótima conversa com meu amigo Theo.

"Baldur, o que você está esperando?" ele disse: "Ela é madura, educada, administra uma casa com seis filhos e sabe claramente para onde está indo na vida".

Eu sorri. Fazia sentido. Decidi me preparar e dar o próximo passo.

No dia 4 de outubro de 2013, tomei a iniciativa e convidei Bárbara para nosso primeiro encontro. Peguei-a no meu Mustang e levei-a a um café perto do porto. Nós nos divertimos muito e, depois disso, comecei a conversar todos os dias, cada conversa aprofundando meus sentimentos por ela. Fiquei perdidamente apaixonado! Ela era única e especial. Eu nunca conheci ninguém como ela. No fundo, porém, eu estava com muito medo de cometer mais um erro com uma mulher, mas, por incrível que pareça, em vez de ficar pensando nisso sozinho, decidi compartilhar meus medos e preocupações com ela. Eu já havia infligido muita dor no passado com decisões erradas e queria abordar esse novo relacionamento com transparência.

Bárbara me ouviu com calma e depois disse: "Baldur, você nunca descobrirá, a menos que tente. Talvez você não tenha medo de se conectar comigo, mas da dor de relacionamentos anteriores.

Dezessete anos de um casamento anterior obviamente lhe deram muita clareza. Ela devia saber de algo que eu não sabia.

"Uma coisa," eu disse, nervosamente. "Por favor, não me procure no Google. Apenas me julgue pela vida que estou construindo agora, não pelo meu passado."

Ela concordou, mas sem surpresa, meu passado não era totalmente evitável. Numa tarde de sábado, encontrei ela e um grupo de amigas no shopping. Um deles ficou chocado e não escondeu:

"Por que você está dizendo oi para esse cara? Você não sabe que ele é um assassino? Ele matou meu primo!

A Islândia é um país muito pequeno.

Bárbara ficou atordoada. Ela nunca suspeitou que eu tivesse cumprido pena na prisão, muito menos por uma agressão com consequências tão terríveis. Assim que chegou em casa, ela se sentou em frente ao computador. Naquele mesmo momento, tive a estranha sensação de que deveria ligar para ela. Isso me incomodou.

O telefone tocou por um tempo desconfortavelmente longo antes que ela finalmente atendesse.

"Oi," eu disse, sem saber o que dizer. "O que você está fazendo agora?"

"Uh... estou lendo seus documentos judiciais", ela respondeu timidamente.

Suspirei.

Decidi compartilhar, ali mesmo, tudo sobre o meu passado. Não escondi nada e terminei dizendo: "Bárbara, saiba que entendo perfeitamente se você não quiser mais nada comigo".

"Baldur", ela respondeu. "Você não é o mesmo homem que era. Você fez grandes mudanças e o homem que você é hoje está cheio de amor e carinho. Eu o escolho."

Eu sorri de orelha a orelha do outro lado do telefone. Ela foi simplesmente incrível.

Aquele encontro no shopping foi apenas o começo da reação que enfrentamos quando se espalhou a notícia de que estávamos nos vendo. A adversidade veio de todas as direções, mas enfrentamos a tempestade juntos como um só. Um pode receber mil, mas dois podem receber dez mil, como diz o Bom Livro.

Apenas dez dias depois do nosso primeiro encontro, perguntei a Bárbara: "Então... onde devo solicitar permissão para casar com você?" Eu simplesmente sabia que éramos certos um para o outro. Isso foi totalmente diferente de todos os outros relacionamentos que experimentei. Éramos uma equipe poderosa. Éramos românticos e solidários e conversamos noite adentro, lendo a Bíblia um para o outro e nos conectando no nível mais profundo por meio de nossa fé compartilhada.

No dia 24 de fevereiro, alguns meses depois de ver Barbara pela primeira vez, comecei a pregar no United Reykjavík. O auditório estava lotado com cerca de duzentas pessoas e eu estava no palco.

"Hoje estou estressado. Estou estressado... e animado... porque tem uma mulher aqui que amo de todo o coração. Uma mulher que mudou completamente minha vida. Sempre que estou com essa mulher, quero me tornar um homem melhor. Bárbara, eu te amo e quero passar minha vida com você!"

Ajoelhei-me na frente dela: "Bárbara, você quer se casar comigo?"

Ela me olhou nos olhos, sorrindo com conhecimento de causa, depois acenou com a cabeça e aceitou. Caímos nos braços um do outro. Levantei-me e gritei triunfantemente ao microfone.

"Ela disse SIM!"

O auditório explodiu em aplausos e meu coração quase explodiu. Ela era minha! Começamos a planejar o casamento imediatamente, marcando o dia 5 de julho de 2014 como nosso grande dia. Bárbara sonhara com um casamento no campo; alugamos uma fazenda no sul da Islândia e realizamos a cerimônia e a recepção em um hotel próximo.

O dia do nosso casamento foi um dos dias mais maravilhosos da minha vida. Parado ali com orgulho, esperei ansiosamente que minha noiva caminhasse até o altar. Então, ela apareceu – a mulher que eu amava, deslumbrante em seu lindo vestido, seu filho de 16 anos na frente, suas filhas carregando cestas de flores, e meu enteado de três anos segurando uma placa dizendo: 'Aí vem a Mãe!" Meu filho de quatro anos carregava os anéis. Os convidados levantaram-se um após o outro, cantando "Going to the Chapel". Foi mágico!

Meu amigo Johnathan, o pastor e ex-guarda da prisão, foi quem nos casou e mais de 200 pessoas apareceram para comemorar conosco.

Decidimos nos mudar para meu pequeno apartamento de três cômodos onde eu morava com meu filho... mas agora éramos uma família de oito pessoas. Na preparação para o casamento, eu disse a Bárbara que talvez quisesse ter mais um filho.

"Baldur," ela riu. "Você não namora uma mulher de 40 anos com seis filhos e pede outro!" Barbara já havia dado sua contribuição ao mundo há muito tempo, com cinco filhos e um filho adotivo que tinha 3 anos na época. Sua filha mais velha tinha 21 anos. Quando Bárbara percebeu que eu estava falando sério, ela finalmente cedeu. "Quem sou eu para negar a você um bebê quando sou tão incrivelmente boa em criá-los?" Sempre rimos muito juntos e o senso de humor sempre foi uma grande parte do nosso relacionamento. Algo que valorizo infinitamente.

Decidimos que tentaríamos ter um bebê em nossa noite de núpcias. Partimos em lua de mel depois daquele dia maravilhoso e, junto com um grande grupo de amigos da igreja, fomos para uma escola bíblica de três semanas em Toronto, antes de viajarmos sozinhos pelos Estados Unidos, terminando em Nova York. .

Em Nova York, descobrimos, para nossa alegria, que nossa grande família teria mais um filho.

35
NOSSO PEQUENO MILAGRE

Durante a nossa fantástica viagem a Toronto, encontrámo-nos com John Arnott, o fundador da filial Canadense das igrejas 'Catch the Fire' (CTF). Eu estava interessado em iniciar uma igreja da CTF na Islândia e queria receber a sua bênção, por isso cheguei ansioso e pronto para tomar notas. John me pediu para deixar de lado meu caderno e caneta. Para ele, nosso relacionamento era o que mais importava. Este era precisamente o tipo de igreja que a minha esposa e eu queríamos começar na Islândia - uma igreja familiar saudável que apoiasse as pessoas na sua jornada em direcção à saúde espiritual, emocional e de relacionamento.

Após a reunião, John olhou para mim e sorriu, dizendo: "Baldur, não conheço ninguém mais adequado para abrir a igreja na Islândia. Com sua esposa firme ao seu lado, acredito que este poderia ser um começo promissor para um projeto fantástico e bem-sucedido."

Bárbara estava 100% dentro, mas ainda um pouco preocupada. "O que isto significa para mim? O que devo fazer se começarmos esta igreja?"

"Exatamente como você está fazendo agora", respondi. "Ame e ajude as pessoas."

Algumas semanas depois de chegarmos em casa, percebi que não era tão simples assim. Foi muito trabalho duro, mas nós dois consideramos o projeto emocionante e valioso, então continuamos.

Então, a tristeza bateu à nossa porta. Perdemos nosso bebê ainda não nascido. A decepção foi muito difícil para nós dois e, embora a dor tenha nos aproximado, tive dificuldade em entender por que isso aconteceu.

Talvez Deus não quisesse que tivéssemos mais filhos?

Vários meses depois, porém, ainda com dor, Deus me lembrou de uma visão que tive muitos anos antes. Eu estava sentado em oração no chão da nossa igreja. Enquanto eu orava, vi uma menininha loira, de cabelos cacheados e uma capa de chuva vermelha, brincando. Ela correu em minha direção, radiante de alegria. Continuei vendo flashbacks e imagens dela. Por que Deus estava lembrando isso agora, tantos anos depois? Justamente quando eu estava aceitando o fato de que talvez nunca mais tivesse outro filho.

Contei isso a Bárbara. "Quero tentar de novo", eu disse. "Eu realmente quero ter um filho com você, embora eu entenda se você achar que não pode."

E assim, Bárbara ficou grávida e recomeçamos a viagem. Ela estava com medo e incerta, no entanto. Eu podia sentir isso. Estávamos indo para um aconselhamento preventivo de casal na época, que começamos assim que eu a pedi em casamento. Durante uma de nossas sessões, o conselheiro voltou-se para Bárbara e perguntou:

"Será que você sempre teve que viver sua vida fechada e na defensiva? Sempre pronta para se defender contra qualquer tipo de dor?

Essas palavras tocaram profundamente minha esposa. Seu passado era cheio de traição e rejeição, e ela percebeu que suas experiências passadas a levaram a sempre esperar que os outros a magoassem ou desapontassem.

Mais tarde, naquele mesmo dia, estávamos na cozinha desempacotando as compras e conversando sobre a gravidez, quando ela se virou para mim e disse: "Baldur, só para você saber, não vou me apegar a esse feto".

Eu não sabia como responder.

Ela ficou em silêncio e explicou que não queria se envolver muito emocionalmente porque seria muito doloroso se ela perdesse o filho também. Ao mesmo tempo, ela disse que também estava determinada a não permitir que o medo lhe roubasse a alegria de esperar um filho. Então, depois da nossa conversa, ela vestiu a jaqueta e os sapatos e me disse para ir com ela. Dirigimos até a cidade e fomos a uma loja infantil. Bárbara escolheu um vestido e um coelhinho de pelúcia para nosso bebê ainda não nascido. Fiquei muito orgulhoso dela ao vê-la desmantelar ativamente a mentira que a acompanhou durante toda a sua vida – a mentira de que todos a abandonariam.

Quando chegou a hora do nosso ultrassom de vinte semanas, tudo estava perfeito. Nosso bebê estava perfeitamente saudável.

"Você quer saber o sexo da criança?" a parteira perguntou.

Não tínhamos certeza naquele momento, então ela gentilmente colocou um pedaço de papel em um envelope e nos entregou. Eu estava tão curioso quando saímos para o carro que não consegui me conter.

"Vamos verificar o envelope!"

Nós o abrimos. Havia uma pequena nota com uma palavra.

Menina.

Sem que eu percebesse, lágrimas escorreram pelo meu rosto. "Vamos chamá-la de Hanna", eu disse. Pela minha linda irmã. Fiquei absolutamente feliz. Nosso bebê ainda não nascido era saudável e eu teria a filha que sempre sonhei ter.

Nenhuma de nós jamais havia experimentado um parto em casa antes, mas decidimos que era isso que queríamos para nossa filha. Todas as gestações e partos anteriores de Bárbara foram tranquilos e simples, então não havia nada que nos preocupasse em ter Hanna em casa.

Então chegou o grande dia, e nossa parteira, Christine, foi uma dádiva de Deus. Ela abriu a banheira, Bárbara entrou em trabalho de parto pouco menos de uma hora depois, e o bebê nasceu em duas horas. Bárbara foi incrível. Ela mesma fez o parto de Hanna. Ela a segurou e olhamos para o rosto da nossa preciosa menininha. Ficamos em êxtase.

Nosso pequeno milagre havia chegado.

36
O LEGADO DE SOPHIE

O caminho da minha irmã Sophie sempre foi repleto de espinhos.

Ela realmente passou por dificuldades após a morte de nossa irmã, Hanna, e com o passar dos anos, as coisas pioraram rapidamente para ela. Além de seus problemas com a bebida e de um tumor benigno que tinha no cérebro desde a infância, ela infelizmente se tornou HIV-positiva e também sofria de hepatite C. Era demais para uma pessoa carregar, e sentia como uma perda como irmão.

Certo domingo, ela entrou inesperadamente no auditório da igreja. Eu a vi chegar enquanto cantava e tocava música no palco. Assim que a vi, percebi o estado em que ela se encontrava. Não era bom. Fiquei surpreso e parei de cantar sem perceber, apenas continuando a tocar violão. Enquanto continuava a dedilhar as cordas, emocionado, senti Deus falando comigo. "Baldur, se ela se entregar hoje, eu a curarei de tudo o que a aflige."

Quando o culto terminou, saí do palco e Sophie veio direto até mim. "Você pode orar por mim, Baldur?" ela perguntou. Sabendo que era tudo o que eu queria fazer, respondi: "Minha querida Sophie, você está disposta a mudar sua vida hoje?"

"Sim", ela concordou, olhando para mim com olhos exaustos e doloridos.

Cheio de gratidão, sussurrei: "Estou muito orgulhoso de você, minha irmã", enquanto a envolvia em meus braços e orávamos. Naquele momento, Sophie enfrentou o desafio da sobriedade novamente. Ela estava quebrada, debilitada e pior, mas eu só via beleza, a beleza que vem da entrega.

Daquele dia em diante, ela começou a frequentar as reuniões e tornou-se parte integral da nossa igreja. Adorei tê-la ali e vi em primeira mão como o amor e a simples bondade humana podem curar as feridas do coração. Embora ela ainda estivesse muito mal, eu sabia que, com o tempo, Deus a restauraria e ela encontraria paz e alegria novamente.

Ao mesmo tempo, nosso irmão David estava passando por um divórcio difícil. A mãe de seus filhos começou a usar e ele ficou sozinho, pai solteiro, com um histórico considerável de traumas que não foram tratados. Como resultado, ele começou a ficar entorpecido também, terminando comigo e Sophie sentados com ele enquanto ele estava algemado a uma cama de hospital. Ele foi resgatado após uma overdose e estava em estado crítico.

Ficamos sentados com ele por horas, nossos corações cheios de medo. O medo de perder outro irmão. Uma tarde, no hospital, Sophie me olhou nos olhos e disse com a voz trêmula:

"Eu gostaria de poder morrer em vez dele!"

"O que? O que você quer dizer?"

"Só não quero que meu irmão mais novo passe pela mesma agonia que eu, perdendo os filhos e tudo o que ele tanto ama!"

Fiquei sem palavras com o comentário dela, mas era tão típico da nossa Sophie, com seu coração enorme e altruísta, cheio de amor pelos outros.

Foi insuportável para mim ver nosso David assim. Eu me senti tão impotente. Eu gostaria de poder escolher por ele. Escolher vida. Escolher a sobriedade. Escolher trabalhar com o sofrimento da vida. Escolher confiar em Deus. Mas às vezes ficamos impotentes quando nossos entes queridos sofrem.

David melhorou gradualmente e as coisas voltaram ao normal. Comecei um novo emprego como vendedor na maior empresa de telecomunicações do país, além de trabalhar para uma empresa de tecnologia financeira com um ótimo salário. Ficamos muito felizes. Bárbara e eu compramos uma casa nova e planejávamos nos mudar em fevereiro de 2018, e a vida parecia estar em alta. Porém, numa tarde de domingo, antes da mudança, eu estava almoçando com meu chefe quando meu telefone tocou.

"Baldur, onde você está?"

Foi Bárbara. Pude sentir pelo tom de voz dela que algo não estava certo. Também percebi que havia perdido uma ligação de um amigo nosso que trabalhava para uma empresa de ambulâncias.

"O que aconteceu, amor?"

"Você pode vir direto para casa?" Ela disse.

"Por que? O que é?"

"Eu te conto quando você chegar em casa", ela disse gravemente.

Entrei no meu carro. Eu tinha certeza de que alguém havia morrido. Mas quem? Tantas pessoas vieram à mente. A adrenalina inundou minhas veias e meu medo se intensificou. Finalmente parei em frente à minha casa e corri o mais rápido que pude. Bárbara estava parada no meio da sala com lágrimas nos olhos.

"Querido... é Sophie", ela falou, com a voz embargada. "Greta a encontrou esta manhã. Ela foi declarada morta.

A agonia física se espalhou pelo meu corpo. Eu não conseguia respirar. Fiquei rígido, imóvel e silencioso no meio da nossa sala de estar. Minha esposa me pegou nos braços e eu chorei em seu abraço.

Não! Não não não!

De novo não. Não minha amada Sophie. Impossível. Não!

Bárbara me sentou e eu olhei para o nada enquanto ela reunia todos os nossos filhos na sala para dar a trágica notícia. Oprimido, percebi que teria que avisar toda a família que outra irmã, filha, prima e amiga havia partido. Como eu poderia entregar notícias tão devastadoras... e pela segunda vez.

Davi foi o primeiro. Observei meu irmão com lágrimas nos olhos enquanto ele entrava no corredor da frente.

"O que? O que aconteceu?"

"Sophie está morta, David."

"Não!" ele gritou. "Pare com isso! Não diga isso!"

Ele soltou um grito agudo de agonia e caiu no chão. "O que você está dizendo, Baldur?" Abaixei-me, sentei-me ao lado dele no chão e passei meus braços em volta dele.

Sabíamos o que tínhamos que fazer. Tínhamos que contar para mamãe. Ela ocasionalmente trabalhava como motorista de táxi na época. Ela estava trabalhando até tarde da noite e estava dormindo quando chegamos na casa dela. Ela ainda estava grogue quando nos viu entrando em seu apartamento, mas imediatamente sentiu que algo estava errado.

"O que está acontecendo, rapazes?"

"Mãe..." Eu desabei.

"Mãe... Sophie está morta," eu disse, e minha voz sumiu.

Ela soltou um grito terrível e começou a bater no meu peito. "Não! Não! Não!"

Ela continuou chorando, seus socos chovendo sobre mim até que ela não tinha mais forças. Então, ela desmaiou em uma agonia de partir o coração. Eu a segurei até que ela se acalmasse. Ela estava em meus braços, totalmente abalada.

Daniel, meu irmão mais novo, ficou olhando para nós. Eu o vi se isolar ainda mais com a notícia, com lágrimas escorrendo pelo rosto. Mais um trauma. Além de ter perdido recentemente o pai, ele teve outro irmão roubado. Outra fonte de conforto e refúgio...desapareceu. O pobre menino tinha apenas 20 anos.

Depois de cerca de meia hora, ajudamos mamãe e Daniel a se prepararem. Tivemos que contar aos filhos de Sophie a terrível notícia. Breve. Antes que qualquer coisa viesse à tona nas redes sociais. No caminho para lá, David ligou para o pai dos meninos, Harold, e pediu-lhe que fosse buscar os meninos e os trouxesse imediatamente, porque havia ocorrido uma morte – a da mãe.

Quando chegaram, Harold sentou-se na sala. Os meninos o seguiram, parecendo muito tristes e com lágrimas nos olhos.

Harold de repente olhou para minha mãe, parecendo confuso e, honestamente, petrificado.

"Eu... eu não entendo. Sua mãe... ela está sentada bem aqui. O que... o que está acontecendo?

Eu não conseguia entender o que ele estava falando.

"Sim, essa é a mamãe", eu disse. Harold olhou para mim com os olhos arregalados e confuso.

"Mas... eu não... Quem está morto então?"

Então, a ficha caiu. Eu me senti mal do estômago. Ele olhou para meu rosto. Quando lhe contamos ao telefone que "mamãe" havia morrido, ele pensou que era *minha mãe* – e não a mãe de seus meninos.

"O que?" ele gemeu. "Não. Não Sophie?

Eu não suportava olhar para meus sobrinhos. Meu coração se despedaçou quando a tristeza tomou conta da sala, e todos eles desabaram e choraram juntos, confrontados pelas profundas consequências do vício – o custo final – a própria vida.

Mais tarde, quando fui buscar os pertences de Sophie, pensei nos últimos dias de sua vida. Ela teve uma recaída depois de discutir com o namorado, mais uma vez, e saiu da casa dele. Ela me enviou uma mensagem de texto dizendo que havia perdido o controle, mas eu não deveria me preocupar, pois ela estava agora em seu quarto. As pessoas no resto do apartamento ainda estavam em uma farra, mas ela iria parar ali e então, ficar sóbria e voltar para a igreja. Essa foi a última mensagem que recebi dela. Ela morreu de abstinência naquela mesma noite. Ela vomitou e aspirou para os pulmões. A única coisa que me confortou foi acreditar que ela estava agora com seu Pai Celestial e nos braços de nossa amada Hanna.

O estranho é que três semanas antes de sua morte, Sophie desmaiou na cozinha de sua casa. Ela me ligou depois, obviamente assustada e estressada. Ela pensou que seu tumor cerebral talvez tivesse começado a crescer e que sua perda de consciência provavelmente tivesse algo a ver com isso. Aconselhei-a a ser examinada por um médico. Recebemos os resultados de seus exames de sangue e tomografia cerebral apenas duas semanas antes de sua morte. O médico ficou confuso e disse a ela que não conseguia compreendê-los completamente. Sua hepatite havia desaparecido - ela recebeu uma prescrição de medicação para tratá-la duas vezes, ambas sem sucesso - mas agora desapareceu sem qualquer medicação. A sua carga viral de VIH era tão baixa que já não era detectável, e o tumor cerebral... também desapareceu.

Lembrei-me das palavras de Deus para mim quando Sophie entrou naquele culto na igreja, alguns meses antes. A promessa de que ele a curaria de todas as suas doenças se ela mudasse de vida naquele dia. Isso realmente me intrigou. Por que Deus a curou se sabia que ela morreria pouco tempo depois? Então eu entendi. Deus havia prometido curar todas as suas doenças, e ele fez exatamente isso. O resto era dela.

Procurei nosso padre Arnold, que enterrou nossa Hanna, e contei-lhe a notícia devastadora. Eu disse que o funeral dela tinha que ser cheio de esperança. Assim como Sophie era. A esperança de que a vida não acabe aqui. A esperança do Evangelho de Jesus. Conseguimos uma banda para tocar as músicas favoritas de Sophie, e eu também toquei e cantei uma música que escrevi depois de perder Hanna.

Arnaldo falou sobre a ressurreição de Jesus. Como tudo parecia terrível na primeira Sexta-Feira Santa. Jesus morreu na cruz, seus discípulos se espalharam, todos ficaram decepcionados e acreditaram que tudo estava acabado. Então chegou o domingo e Cristo ressuscitou dos mortos para que todos pudéssemos estar com ele no céu.

Sophie foi enterrada numa sexta-feira e todos nós fomos à igreja naquele domingo. Mamãe, David, Daniel e eu ficamos na frente, abraçados. Não importa o que aconteceu, permanecemos juntos e continuamos louvando a Deus.

Escrevi uma música chamada 'Live Forever' sobre uma revelação que tive naquele domingo. Uma música sobre como, mesmo nos piores momentos de sofrimento, eu me aproximo de Deus e caio a Seus pés, enquanto ele afasta meu medo mais profundo. O medo de perder todos que amo.

Enquanto tentava encontrar algum significado ou propósito na partida de Sophie, lembrei-me de um artigo que ela escreveu uma vez e compartilhou comigo:

Esta grande necessidade de felicidade,

Pela paz,

Nos fechou

E nos deixou solitários.

SEM parar,

Nós percorremos o caminho,

Em grande esperança, em auto-engano.

Dia após dia

Com raiva, com tristeza

Tantas vezes ouvimos

Nossas almas gritarem.

Muitas vezes ansiamos por descanso.

Nós, crianças, vivemos em autodestruição,

Por causa da nossa consciência.

A culpa é sua, diz mamãe, diz papai.

Mas somos apenas

Os filhos dos alcoólatras.

Escrito por Sophie. 7 de agosto de 2005.

Ao pensar em suas palavras, estava determinado a não permitir que a morte e a destruição tivessem a última palavra em minha vida.

Com Bárbara ao meu lado, embarcamos numa missão partilhada – trabalharíamos juntos para estender as mãos e ouvir almas solitárias, como Sophie. Aconselhando-os, cuidando deles e caminhando ao lado deles até encontrarem cura em sua conexão com Deus.

Lares desfeitos seriam restaurados. Famílias desfeitas seriam reunidas. Este se tornaria nosso propósito.

Este se tornaria o legado de Sophie.

37

AMOR DESTEMIDO

Quando Barbara e eu nos conhecemos e nos apaixonamos, ela tinha acabado de concluir um curso universitário de três anos e obviamente não tinha ideia de que sua vida iria tomar a direção maluca que tomou. Ela planejava estudar aconselhamento sobre dependência química em Minnesota e se preparava para se inscrever para um mestrado. Assim que começamos a morar juntos como casal, ela percebeu que seu plano não era possível, pois significaria que um de nós morasse nos EUA por alguns anos, e isso não era uma opção para nós. Ela logo descobriu que a Universidade da Islândia oferecia um programa de mestrado em terapia familiar. Um ajuste perfeito para ela, ela não perdeu tempo e se matriculou.

Eu ainda trabalhava com vendas, mas queria muito seguir na mesma direção que Bárbara e ajudar as pessoas a restaurarem suas vidas. Fazer algum tipo de contribuição significativa. Optei por estudar coaching executivo e, ao mesmo tempo, Barbara e eu abrimos nossa própria empresa de consultoria. Chamamos isso de *Aconselhamento de Esperan*ça.

Trabalhamos muito, construímos a empresa juntos e rapidamente começamos a aceitar reservas para sessões. Foi incrível e fiquei agradavelmente surpreso com os resultados que estava alcançando com meus clientes. Senti que finalmente estava fazendo o que fui criado para fazer, e tudo se tornou muito real para mim quando fui convidado para dar palestras em conferências religiosas na Irlanda e na Inglaterra... e seria pago por isso. Pago para compartilhar minha história! A viagem não foi isenta de incidentes, no entanto. Ao chegarmos ao aeroporto, com malas cheias e cheios de entusiasmo, descobrimos que Bárbara havia trazido o passaporte errado! Não havia como chegar em casa para encontrar o passaporte certo e voltar a tempo, mas meu querido amigo Victor se ofereceu para arriscar e levá-la para casa. Por pura coincidência - ou não - alguns passageiros demoraram tanto para entrar no avião que Victor e Bárbara conseguiram voltar bem na hora! Eles correram pelo aeroporto o mais rápido que suas pernas podiam, embarcamos no avião e nossos batimentos cardíacos caíram de 120 para algo próximo do normal. A ideia de falar para um público em inglês me fez sentir uma estranha mistura de nervosismo e entusiasmo, mas a viagem correu muito bem e foi um grande avanço para concretizar minha verdadeira vocação.

A partir de então, nosso objetivo foi desenvolver nossa empresa e oferecer aconselhamento. Ficamos ainda mais determinados depois que David teve uma overdose e quase perdeu a vida novamente. Eu sabia que precisava continuar fazendo a mesma coisa que sempre fiz: continuar seguindo a Deus, continuar louvando a Deus, continuar combatendo o bom combate da fé. A tristeza envolveu minha família, mas a vida cotidiana tinha que continuar. Barbara e eu viajamos para a Itália para estudar Terapia Focada nas Emoções (EFT), um método terapêutico para casais, e também iniciamos um podcast juntos. Nós nos gravamos conversando como um casal, conversando sobre nossas próprias experiências e questões, e não como estudiosos com a cabeça cheia de teorias. Nos divertimos muito e aprendemos muito um sobre o outro e sobre nós mesmos, enquanto discutíamos abertamente tudo, desde comunicação, conexão e co-dependência até compartilhar nossas próprias histórias pessoais engraçadas.

Se há algo que aprendi com meus relacionamentos e com a terapia, é a importância de criar boas conexões. Quando unimos nossas famílias pela primeira vez, as filhas de Bárbara ficavam rígidas como picolés sempre que eu as abraçava. Seria tão fácil para mim simplesmente recuar, aceitar o comportamento delas, considerá-lo uma rejeição e simplesmente desistir. Mas não o fiz... e como pequenas gotas de água acabam formando um oceano, aos poucos conseguimos criar uma conexão maravilhosa entre nós. Lembro-me como se fosse ontem, um dia, um dos nossos meninos esqueceu a sunga, então levei para ele na escola. Quando nossa filha, na época uma verdadeira adolescente, me viu no corredor, correu para meus braços na frente de toda a turma, me abraçou e disse que me amava. Eu levei um tapa! Que linda recompensa por não desistir, por lembrá-los constantemente da sorte que tive por tê-los como parte do pacote. Eu era um homem rico.

Tanto nossa agência de aconselhamento quanto nosso podcast começaram a crescer e prosperar, e Barbara também começou a trabalhar em um centro de terapia familiar e de crise. A nossa visão tanto para a empresa como para a igreja era a mesma – promover a "saúde familiar". Famílias saudáveis criam crianças saudáveis, que, por sua vez, constroem uma sociedade saudável. Um lugar onde não tivemos que assistir nossos jovens morrerem muito antes da hora, por suicídio ou doenças relacionadas ao vício. Tudo isso levou eventualmente à criação de um evento que chamamos de *Stay Alive*.

Foi Bárbara quem sugeriu o nome *Stay Alive*. Eu suportei muita dor ao ver minha família ser vítima do vício e percebi que a raiva funciona de duas maneiras. Ou causa ressentimento que se transforma em amargura, ou desperta uma paixão por uma causa nobre. Decidimos convidar o Presidente da Islândia e o seu gabinete para o nosso evento porque queríamos chamar a atenção para o terrível problema que muitos dos nossos jovens enfrentavam. O presidente veio, juntamente com o seu filho, e durante o seu discurso de abertura, falou sobre a importância de cuidar dos nossos jovens e as gerações futuras, concentrando-nos mais do que nunca na saúde pública, na saúde mental e nas medidas preventivas. Foi tão bom ouvir isso.

Depois de Stay Alive, os proprietários da empresa de consultoria onde Barbara trabalhava me contataram para perguntar sobre uma colaboração. Eu ainda estava trabalhando para a empresa de tecnologia financeira e poderia ter subido na hierarquia lá. Mas eu encontrei meu nicho, e o encontro com os proprietários realmente me deixou feliz e animado. Eu sabia que meu salário sofreria um impacto enquanto estabelecíamos as bases, mas, surpreendentemente, realizei 94 sessões de aconselhamento durante meu primeiro mês em período integral, o que significava que já havia ganhado mais do que em meu emprego anterior. Fiquei em êxtase! Continuei trabalhando na minha música também, escrevendo e produzindo músicas.

O acaso estava por toda parte e tudo estava se encaixando para nós.

Barbara e eu estávamos felizes, trabalhando juntos e levando o amor terapêutico de Deus aos outros. Finalmente começámos o que chamamos de *'Fearless Love'* – uma família internacional, apaixonada por ver as pessoas viverem na sua plena identidade. Acreditamos que todos foram feitos para a grandeza e a nossa visão era criar uma família de guerreiros destemidos em todo o mundo. Guerreiros que amam a si mesmos e ao mundo ao seu redor, sem medo e vergonha. Alcançando todo o seu potencial.

Através do nosso trabalho e do podcast, começámos realmente a ver o impacto que a partilha das nossas histórias pessoais teve nos casais. A maneira perfeita para as pessoas se conectarem e se entenderem, as histórias podem realmente mexer com os corações das pessoas e mudar as perspectivas das pessoas de uma forma mágica.

Mal sabia eu que estava prestes a descobrir o profundo impacto que compartilhar minha história poderia ter sobre outras pessoas.

38
NÃO DESISTA!

Em setembro de 2018, um encontro inesperado com um homem chamado Troy Buder marcou uma virada incrível em minha vida. Um amigo em comum deu a ele meu número de telefone, e seu convite aparentemente casual para um café se transformou em uma troca profunda e em um relacionamento surpreendente. Eu na verdade, não tinha tempo de conhecê-lo, mas achei que deveria dar-lhe pelo menos meia hora na folga do trabalho. Houve uma pausa do outro lado da linha antes de ele aceitar minha oferta - ele havia reservado uma viagem ao redor do Círculo Dourado da Islândia, uma rota turística popular, para o horário exato em que eu me ofereci para encontrá-lo. Ele decidiu pular a viagem e me encontrar, então planejamos nos encontrar em uma cafeteria em Reykjavik.

Assim que conheci Troy, senti uma conexão instantânea com ele, uma compreensão que estava além de nossas palavras. Depois da nossa conversa durante o café, estávamos nos conectando tão bem que o convidei de volta à minha casa para encerrar a conversa. Ele visitou Barbara e eu naquela noite e gradualmente o assunto mudou para meu passado, o que me levou a desvendar a história de toda a minha vida até Troy.

Troy era produtor de cinema e, quando terminei de falar, ele olhou para mim e sorriu. "O que você não sabe, Baldur, é que meu foco é fazer filmes com uma mensagem positiva... e devo dizer que acho sua história incrível! Definitivamente pertence a um livro... mas também acho que há potencial para ser adaptado para um filme."

Fiquei completamente atordoado.

"É serio! De verdade!" ele sorriu. "Comece a reunir materiais de origem... depois sente-se e comece a escrever sua história."

Eu estava à beira de um novo capítulo. Cheio de propósito, fiz o que ele sugeriu e comecei a coletar documentos de hospitais e instituições e a criar uma linha do tempo da minha vida.

Quando a advogada do Serviço de Proteção à Criança me ligou para avisar que meus documentos estavam prontos, ela disse:

"Eu só queria que você soubesse, sinto muito. Fica claro nesses arquivos que ninguém cuidou de você, e isso é incrivelmente triste."

Senti meu desagradável crítico interior começar a me aterrorizar quando entrei no carro para buscar os relatórios - Ninguém te amou, lembra? Você é a ovelha negra. Eu ignorei. Fui direto para casa e li todos os jornais, e as palavras me atingiram como um soco no peito. As entrevistas e os comentários do psicólogo sobre mim quando criança foram chocantes, para dizer o mínimo. Muitas vezes tive que parar de ler, deixar os papéis de lado e respirar fundo.

Ninguém parecia estar lá para mim... ela estava certa. Alternei entre raiva e lágrimas enquanto lia, mas me permiti sentir as emoções difíceis.

Passei por um período de raiva intensa sempre que imaginava aquele garotinho, Baldur, sem apoio e desanimado, de novo... e de novo. O apoio de minha esposa foi inestimável para mim durante esse difícil processo. Isto é, até que uma manhã, quando eu estava orando, ouvi uma voz calma e familiar dentro de mim.

"Você se lembra de Ed Fernandez?"

Um sorriso se espalhou pelo meu rosto.

"Eu te amei tanto que enviei um homem das Filipinas para me conectar com você e lhe ensinar o Pai Nosso!"

Como eu poderia esquecer? Fiquei com lágrimas nos olhos.

Essa oração me manteve vivo.

Essa oração me ajudou a adormecer quando a ansiedade era insuportável. Essa oração despertou esperança quando comecei minha jornada rumo à sobriedade. Aquela oração me moldou sem que eu soubesse.

O tempo todo, meu Pai celestial acreditou em mim, quando ninguém mais acreditou.

Na mesma época, Barbara foi convidada para falar na Symbiosis, uma instituição de caridade que ajuda com dependências e dificuldades sociais. Era uma noite de quinta-feira e, ao olhar para a plateia, logo percebi que Frosti estava lá. Frosti era o cara que uma vez eu brutalizei por não pagar, muitos anos antes, no parque. Ele sempre se recusou a me encontrar, então eu nunca tive a chance de me desculpar pelo abuso horrível a que o submeti. Mas lá estava ele, parado algumas fileiras atrás de mim. Após seu discurso, Bárbara me chamou ao palco. Peguei o microfone e olhei na direção de Frosti. Cheio de remorso e com lágrimas nos olhos, pedi-lhe perdão, na frente de todos. Nós nos abraçamos. Outra ferida cicatrizou.

Pouco tempo depois recebi uma mensagem dele. Ele me disse que abandonar a raiva que sentiu por mim por tanto tempo lhe concedeu muita liberdade e alívio. Fiquei muito grato por ter tido a oportunidade de, de alguma forma expiar a dor que causei e de abandonar aquele pedaço feio do meu passado.

Existem muitas forças negativas neste mundo guerreando contra a alma humana. Negatividade que tenta nos levar à vergonha, a acreditar que somos indignos de amor, que somos defeituosos, ou feios, ou inúteis, ou um erro. Mas existe uma força muito maior – o Amor. O Amor de Deus foi o antídoto incrível para a terrível vergonha tóxica que me prendeu durante tantos anos. O que devemos fazer é nunca desistir! Nunca se renda a essas mentiras.

É tão triste quantas pessoas desistem pouco antes de sua descoberta, pouco antes do amanhecer. Justamente quando a vitória está ao virar da esquina. Precisamos lembrar o que o Apóstolo Paulo disse tão bem certa vez: "No devido tempo colheremos, se não desistirmos". Às vezes, você só precisa aguentar até a noite escura acabar.

Este livro é a história das minhas noites escuras, das minhas derrotas, dos meus erros. Ao mesmo tempo, porém, é a história de como, com o apoio de Deus, eu nunca desisti. A sorte certamente nem sempre esteve comigo... mas para minha sorte, Deus definitivamente *estava*.

"Continue. Não desista!"

Olhando para trás, vejo os triunfos e desastres que minhas escolhas causaram, mas também vejo que realmente estava fazendo o meu melhor, considerando as minhas circunstâncias. Percebo também que todos que estiveram envolvidos em minha vida e falharam comigo também fizeram o melhor que puderam com a mão que receberam. Minha mãe é nada menos que uma heroína e sou muito grato por meus maravilhosos irmãos e família. Viver uma vida misericordiosa é mais fácil quando adotamos esse ponto de vista.

Aqui está o que quero deixar para você...

Você também fez o seu melhor. Pode ser um caminho pedregoso e cheio de dor em alguns lugares, mas há uma recompensa, no final, para quem persevera. Minha recompensa tem sido ver os outros abraçarem seu valor e perceberem que são dignos de amor e pertencimento.

Há alguns anos, fui convidado à Bélgica para falar aos detentos de três prisões. Para contar minha história. Expliquei como vivi com a vergonha que vinha de todas as mentiras inúteis em que um dia acreditei sobre mim mesmo. Mentiras que foram criadas na mente de uma criança desesperadamente infeliz. Tentei criar um espaço para os presos.

"Não quero que vocês orem sentados", eu disse. "Se você não tiver coragem de ficar de pé agora, diante de seus companheiros de prisão, você perderá a fé em alguns dias, de qualquer maneira. Estou pedindo que você permaneça com ousadia e entregue toda a sua vida a Jesus."

Para minha surpresa, a primeira pessoa a se levantar foi um famoso rapper belga.

Então outro homem se levantou.

Então outro.

E outro.

E outro.

Corações endurecidos derreteram bem diante dos meus olhos e lágrimas escorreram pelo meu rosto.

Depois da nossa incrível jornada, é para isso que Barbara e eu vivemos hoje. Temos o privilégio de ver as pessoas começarem a acreditar em si mesmas. Podemos ver casais curando e melhorando seus relacionamentos. Podemos ver pais e mães transformarem sua paternidade. Podemos ver a luz nos olhos de pessoas desesperadas, à medida que finalmente descobrem... *que há esperança.*

Sonho que a Islândia seja um porto seguro. Um lugar de segurança emocional e espiritual, onde famílias fortes reforçam a identidade dos seus filhos e onde relacionamentos seguros são o centro de tudo. Uma comunidade construída de dentro para fora. Uma comunidade onde todas as crianças são meus filhos, todas as mulheres são minhas irmãs e todos os homens são meus irmãos.

Uma comunidade que cuida dos seus vizinhos - Ame o seu próximo como a si mesmo. Descartar as pessoas como viciadas ou alcoólatras e colocá-las de lado nunca é uma solução.

Lembro-me muito bem de como, em 2016, todos nós orgulhosamente apoiamos a nossa seleção masculina de futebol durante o seu enorme sucesso nos campeonatos europeus. Éramos uma só equipa - todos islandeses juntos - e os nossos rapazes, incrivelmente, derrotaram uma potência após a outra. Em unidade e solidariedade, lutamos com eles em nossas casas, diante de nossas telas. Lembro-me de rir do fato de o consumo de água na região de Reykjavík ter caído para quase nada durante os jogos. Nem paramos para ir ao banheiro, pois estávamos todos juntos com nossos meninos do futebol!

Ainda tenho esse sonho. Um sonho que vai muito além das aspirações individuais. Seja qual for o seu sonho único, por favor... continue. Deixe a esperança e a determinação guiarem seus passos, mesmo nos momentos mais difíceis. É possível, e *eu sei*, que seja com essa faísca inabalável de perseverança louca que seus sonhos possam se tornar sua realidade.

Você não é o seu passado. Você não é sua dor. Você não é a violência e o abuso que sofreu. Você não é um perpetrador ou uma vítima. Você é muito mais do que isso. Essas coisas não definem você.

Deus não está longe, e nem é complicado de simplesmente falar com Ele.

Não desista.

www.ingramcontent.com/pod-product-compliance
Lightning Source LLC
Chambersburg PA
CBHW041926090426
42743CB00021B/3459